创意家长会

\初\中\卷\

吴小霞 秦望 —— 主编

意

大夏书系 — 全国中小学班主任培训用书

华东师范大学出版社

·上海·

图书在版编目（CIP）数据

创意家长会.初中卷 / 吴小霞，秦望主编.—上海：华东师范大学出版社，
2024. — ISBN 978-7-5760-5433-0

I. G459

中国国家版本馆 CIP 数据核字第 20244Z80J9 号

大夏书系 · 全国中小学班主任培训用书

创意家长会（初中卷）

主　　编	吴小霞　秦　望
副 主 编	张　娜　徐　畅
策划编辑	卢风保
责任编辑	张思扬
责任校对	杨　坤
装帧设计	奇文云海 · 设计顾问

出版发行	华东师范大学出版社
社　　址	上海市中山北路 3663 号　邮编 200062
网　　址	www.ecnupress.com.cn
电　　话	021-60821666　行政传真 021-62572105
客服电话	021-62865537
邮购电话	021-62869887
地　　址	上海市中山北路 3663 号华东师范大学校内先锋路口
网　　店	http://hdsdcbs.tmall.com/

印 刷 者	北京密兴印刷有限公司
开　　本	700×1000　16 开
印　　张	17.5
字　　数	258 千字
版　　次	2024 年 12 月第一版
印　　次	2024 年 12 月第一次
印　　数	5 100
书　　号	ISBN 978-7-5760-5433-0
定　　价	69.80 元

出版人	王　焰

（如发现本版图书有印订质量问题，请寄回本社市场部调换或电话 021-62865537 联系）

家长会是家校合作的主要方式之一。

遗憾的是家长会的效果却不尽如人意。有关调查显示，学生和家长对家长会的负面评价颇多，甚至出现学生"不要开"，家长"不想开"，教师"不愿开"的现象。

主要原因是传统家长会一般以学业为中心，格式比较单一：领导统一讲话，学生代表发言；开会三步走——教师说成绩、家长谈经验、老班讲问题；内容老三篇——宣传带班理念、介绍在校情况、提出配合要求。从内容到形式落入俗套。

家长会到底是什么？为什么要重视家长会？

家长会，是指以班级（年级、学校）为单位，由班主任或学校组织所在班级所有或部分家长、教师和学生参加，交流学生在校在家情况，为促进学生高效学习与健康成长而召开的家校沟通会议。

家长会可以宣传学校办学理念主张、展示班级师生精神风貌、交流学生在校在家情况、了解家长的合理诉求、增进家校之间沟通理解、解决孩子教育的共性问题、众筹建班育儿的集体智慧、促进家长群体专业成长、推动家长参与班级管理、形成家校协同育人机制。

传统家长会式微，在信息爆炸的时代，"创意家长会"会让家长会这一传统家校合作的主要方式焕发蓬勃生机。

目前，图书市场上这类书籍很少，于是，8+1 工作室与吴小霞名班主任工作室联合打造"创意家长会"课程：分小学、初中、高中三个学段，每个学段 24 场，共计 72 场创意家长会。

这套"创意家长会"（三卷）丛书有如下几个特点：

（1）创意性。既注重主题内容的深挖，也非常注重形式的灵活。主题内容表述语言灵动，采用体验式、参与式、案例式、游戏式等多种形式，内容与形式和谐统一，创造出一种美感家长会，使家长会成为学生和家长喜闻乐见的家校合作方式。

（2）实操性。在编写过程中，不仅经过各类小组近百次网络研讨磨稿，群策群力、众筹智慧，使教案设计趋于完善，而且每篇家长会教案都经过不同地域、多个班级实操演练，反复修改、调试，分工化、流程化、表格化，方便使用。每场家长会预设 1.5 个小时，时间适中。每位在班里操练的本书作者都说"创意家长会"很好用，实操性强。

（3）课程性。"创意家长会"在"家长如何协助学校，学校如何帮助家长"这个问题上，提供了 12 年基础教育的家长课程，每场家长会围绕一个特定阶段中家校双方急需沟通的话题来设计主题，72 场家长会，满足了家校双方所需。能够开好 72 场家长会的班主任就成为半个家教专家了，能够参加 72 场家长会的父母便修炼成专业的父母了。

这本《创意家长会（初中卷）》，共计 24 个主题，提供 24 场家长会案例，课程体系如下：

序号	学期	召开时间	类别	主题
1	初一上	开学	小初衔接	迈好小升初这一步
2		期中	习惯养成	好习惯慢慢养，学习力步步高
3		期末	假期管理	多元"作业"，平衡管理
4		特殊应急	陪伴方法	优质陪伴，让孩子一生幸福
5	初一下	开学	书香家庭	书香是家庭最亮的名片
6		期中	生命安全	每一个生命都值得被热爱
7		期末	劳动教育	体悟劳动幸福，助力少年成长
8		特殊应急	同伴交往	友好交往，助 Ta 感受人情美

序号	学期	召开时间	类别	主题
9	初二上	开学	认识叛逆	与青春期叛逆"握手言和"
10		期中	"早恋"教育	以"爱"邀约，共话"早恋"
11		期末	亲子沟通	沟通无极限，成长看得见
12		特殊应急	爸爸家长会	爸爸去哪儿
13	初二下	开学	自律培养	培养学生的自控力
14		期中	手机网络	你好，手机！
15		期末	感恩教育	你若心怀感恩，便可温暖前行
16		特殊应急	学习动机	外"控"赋能，内"动"生长
17	初三上	开学	理想前途	请乘理想之马，挥鞭从此起程
18		期中	学法指导	做好精力管理，中考成功"避坑"
19		期末	励志教育	策励奋进，助梦远行
20		特殊应急	分层研讨	精准把脉，助力成长
21	初三下	开学	升学规划	芸芸众"升"，满载而"规"
22		期中	挫折教育	乘风破浪，逆风飞翔
23		期末	升学减压	升学减压阀，总有一款你需要
24		特殊应急	毕业典礼	筑梦·最后一课

24 个主题，每个主题的解读，作者都阅读了大量资料，深挖主题内涵，每场家长会都以"会""课"合一的方式来呈现，均有清晰的线索、咬合的环节、流畅的过渡、设计的意图，24 场家长会将起到家校沟通的桥梁、家长育子的助手的作用，将帮助家长撑起孩子生命的深度、家校合作的宽度。

参与编写的作者们，对自己的作品充满信心与期待。

作者朱丽丽老师的一篇公众号文章见证了"家长会"项目组磨稿之用心。

只因为动了一点心，便义无反顾。

不记得是哪一天，我翻朋友圈看到一则消息：征集家长会设计文稿。有好奇，有忐忑，有踌躇，有勇气，终究还是决定试一试。这便是心动的感觉。

第一篇文稿写出来，反响不错，我心生欢喜，又认领了一篇，写这篇有点艰难，但还是成稿了。人总是好了伤疤忘了疼的，见剩余的主题中还有一篇关于阅读的，我又认领了。也就是这篇文稿，让我吃尽苦头。因为刚开始写我就病了，不仅如此，各类文稿也开始紧锣密鼓地打磨了。

我的病毒感染周期特别长，半个月嗓子还不能出声，咳嗽咳到吐。大约是第五天，我下床走路还飘飘摇摇的，群内突然要求交稿，而我存储文稿的U盘在学校办公室里。成年人最大的修养是不解释，我不想被人催稿，于是把自己裹成粽子，连夜骑车到学校拿U盘。说实话，我自己都被自己感动了，但没有感动老天爷，回家后我发现U盘里的文稿竟然不是修改稿！发烧的那几天确实有点精神恍惚，那就更不需要解释了，第二天一早我又骑着车赶去学校，从办公电脑上拷下最新版文稿。

这段经历令我印象深刻，当我骑着车行驶在漆黑的环城路上时，我心里有个声音：永远忍住解释，你只要去做就好了。

打磨文稿的过程很不容易，我一边要修改前两篇文稿，一边要写第三篇文稿。因为是为自己的事负责，也没什么好说的。

有一天晚上，我冥思苦想了很久，问读高中的儿子："你觉得你现在的学习难吗？"他想了一下说："当然很难！"我松了一口气，说："我想起我们爬山的时候，向上攀登的时候感觉很累，当感觉轻松的时候就知道自己没有在往上爬了，下山嘛，就更加轻快了。学习，同样如此，感觉难的时候，就是不断提升的时候。"

主编要求写一个主题，就要广泛阅读，成为一个主题的"专家"。那段时间，我借机读了很多书。知识内化需要时间，要理解，要实践，内化于心，方能出口成章。抄是不可能的，寻章摘句也不行。为了在短时间里完成任务，我一般会在读完一本书后，记一些笔记，然后睡一觉，让知识在大脑中发酵一段时间，期待灵感的小火花，能在涂涂画画中偶尔蹦出来一星半点。这样的"速食"，所得当然也很有限。

线上研讨从一周一次变成一周两次，后来愈加频繁。每次研讨之后，都是我焦虑的巅峰期。大家给的意见很多，也很有道理。但我跳不出自己思维的定势，很难接受他们的想法。常听有人诉苦："写东西比生孩子还难。"每篇文稿的每个字都是自己敲出来的，哪怕它"丑"，也敝帚自珍。

就这样敲敲打打，缝缝补补，把前两篇稿子磨了十来遍，还未见起色，而第三篇文稿的打磨已经提上日程。

打磨的过程，不是融合，是辩证地思维。

以前我帮别人磨课的时候，指点江山，激扬文字，曾经数次把别人的文稿推倒重来。那种干脆利落，到了自己这里就底气不足。我也体会到"好的，我再改！""还需要怎样改呢？"这样的话背后是深深的无奈与纠结。作为同行，除非是原则性的错误，每个人的思维都有一定的合理性，甚至有我并未领略的内容。我能给予的是我的思考，在我们共同领略的地方迸出火花，带给他新的思考。

因此，我开始梳理脑中纷乱的声音。

我在写阅读主题的内容时，为自己设计中的几点创意沾沾自喜，因此对文稿更加"珍惜"。打磨文稿时大家也都觉得没有太大问题，准备放行。但有位老师提出"科学的阅读时间"的内容，让我意识到这是我忽略的部分。但是加上这部分内容，我的整个框架就要改变，我引以为傲的内容就要删减。斟酌了一个晚上，把两个方案放在一起作了比较，最后还是忍痛割爱，删减了部分内容，调整了结构，增加了"科学的阅读时间"的内容。相较于修改前"差不多"的惴惴不安，成稿后，是满满的喜悦与平静。

王阳明说："你未看此花时，此花与汝心同归于寂；你来看此花时，则此花颜色一时明白起来。便知此花不在你的心外。"

你没有看这朵花时，这朵花就和你的心一样寂然，像是没有存在过一样；当你来看它时，它的颜色才明明白白地展示在你的面前。这样便知道这朵花并不是独立于你的意识而存在的。

一样东西，没有进入你的视野、你的内心，于你就不存在意义。

磨课，是否同理？

思维卡壳的时候，最应该问问自己，即便求诸他人，也要辩证思维，内化于心，才有意义。因为你要相信，但凡能使你接受的，都是你思维界域之内的东西。

所有的遇见，都是久别重逢。

我喜欢这个团队，虽然在学习小组里我的自恋时常受到冲击。论能力，谁都有两把刷子；论努力，实在还轮不上我。我从未见过这样的团队，大家来自五湖四海，隔着屏幕交流思想，知无不言，倾囊相授。每一个人都那么耀眼，又生机勃勃。熬夜改稿，不算新鲜事，开会开到年三十，倒是头一次。年二十九的晚上大家讨论到 11 点，我因为出谋划策，大脑亢奋到近凌晨 2 点才睡着。

2023 年，我确实过了个"文化年"！

2023 年 1 月 21 日（除夕）

由于本书编写的工作量很大，难免有错漏之处，敬请读到本书的班主任和家长批评指正。反馈意见请发邮箱：726801809@qq.com。

目 录

C O N T E N T S

01.

小初衔接:
迈好小升初这一步

| **背景分析** |

　　小学升入初中,是学生校园生活的一次飞跃,也是他们人生道路的一次重要转折。面临学科数量的增多、学习压力的增大和身心状态的变化,初一新生很容易出现不适应的情况。为了让学生顺利过渡,家长做好小升初衔接工作尤为重要。此阶段,家长要及时调整自己的认知,转变教育观念,也要主动学习帮助孩子顺利完成小初衔接的具体方法。因此,开学初召开本次家长会,有利于推动内外联动、家校互助机制的形成,助力孩子成长。

　　本次家长会召开时间是初一上学期开学初,参会人员是学生和家长。

| **会议目标** |

目标	家长	学生
知识层面	了解小学和初中阶段的孩子在学习、身心等方面的变化。	认识小学和初中阶段各方面的不同,明确只有通过调整与适应才能更顺利地完成过渡。
能力层面	提升自己应对小升初变化的能力,并能从改变认知、提升胜任力、调整角色、家校协作等方面帮助孩子顺利完成小初衔接。	通过观摩学习、制订计划、谈论协作等活动,提升应对小升初变化的能力。

目标	家长	学生
态度层面	愿意接纳变化，并积极调整应对策略。	主动调整自身对变化的敏感度、行动力，积极主动完成小初衔接。

| 会议准备 |

1. 材料准备

学生相关：

（1）以宿舍为单位进行小组成长汇报。小组提前准备好发言稿、展示卡（汇报展示卡提前做好，统一使用 A3 卡纸）。

（2）学生在班级定制的明信片上提前写下"给家长的需求与期望"。

教师相关：

（1）邀请科任教师到现场分享，提前收集好发言内容。

（2）制作暖场视频（班级开学初总结回顾，每个学生都要有镜头）。

（3）准备学生桌面资料（座位席卡、给家长的成长阅读资料、学生自主发展手册、复盘日记、错题本、笔记本等）。

（4）准备游戏道具：相同大小的印有世界地图的布 6 块、网球 6 个。

（5）提前培训学生上下场礼仪、正面面对观众、语言表达、分工合作等，并提前组织各发言小组排练。

2. 环境准备

（1）门口及走廊：布置班级学生优秀作业本、错题本展示区域，张贴家长签到处的指引牌，准备好饮用水。

（2）前黑板：写好"小初衔接"主题语，将班旗贴在黑板上。

（3）后黑板：完成"迈好小升初这一步"主题文化布置。

（4）绒布板：张贴学生校园精彩照片、学生复盘日记，并布置"夸夸墙"。

（5）桌椅按 6 个小组摆放。

3. 其他准备

（1）教师阅读小初衔接相关的文章和书籍。

（2）教师提前将小升初相关的文章或书籍推荐给家长，让家长提前了解和熟悉主题内容。

（3）教师准备好游戏音乐、道具。

（4）学生以宿舍为单位，准备好小组成长汇报展示卡和发言内容。每组推选一名组长，负责统筹本组的汇报内容、形式、展示卡制作等所有汇报工作。

（5）教师提前收集初三优秀家长以"过来人"身份给初一新生家长的嘱咐与建议，录制一份视频，收集两份文字稿心得体会。借初三家长的建议，完成对本班家校合作的重点提醒。

（6）本次会议学生和家长共同参与，提前告知学生"给家长的需求与期望"需要和家长共同配合来完成，会后教师会回收保存。

| 会议过程 |

师： 今天是我们新班集体的首次"大聚会"，为了更好地了解彼此，我们首先开展一轮关于自我介绍的热身活动："爱的魔力转圈圈"。

全班起立参与游戏，教师手机播放音乐《爱的魔力转圈圈》。

教师作为第一人先开始："我是_____，我最喜欢的运动是_____，爱的圈圈送给你（随机传递手机到下一个人手中），我们也来认识你。"被前一人点到的同学或家长需马上按此模板进行自我介绍，依次循环。

预设： 教师也可以根据现场实际氛围，随时重新点名更换自我介绍的内容，如个人兴趣爱好、最喜欢的科目、最好的朋友、最喜欢的读物、最喜欢妈妈的一个优点等。

师： 经过一轮热身，我们初中班集体的能量也要随之转动起来啦！大家一起走进初中，走近孩子，迈好小升初这一步！

第一环节　改变认知——携手达共识

第一步，教师用三幅图分别展示出初中作息时间表、初中课表、中考科目与分值，请大家找找与小学相比有哪些不同，然后请个别家长现场发言分享。（PPT 出示）

问题模板：读图分析，找找初中与小学的不同。

从作息时间来看，与小学相比，初中的课堂学习时间＿＿＿＿＿，自习时间＿＿＿＿＿（填"增多"或"减少"）；起床时间＿＿＿＿＿，晚睡时间＿＿＿＿＿（填"提早"或"推迟"）。

从课程设置来看，与小学相比，初中的文化科目种类＿＿＿＿＿，难度系数＿＿＿＿＿，自习课和辅导课次数＿＿＿＿＿。（填"增多/提高"或"减少/降低"）

从各科目分数设置来看，＿＿＿＿＿分值最高，其次是＿＿＿＿＿，同时＿＿＿＿＿也纳入中考。（填科目名称）

预设： 家长和学生能比较直观地了解初中的学习时间、知识体系、学习考核等方面与小学的差异。通过小组分享互动，让家长共情，并适当缓解自身的焦虑。

第二步，教师以数学学科变化和青春期心理特征变化为例，请大家观察初中与小学的不同之处。（PPT 出示）

数学第一讲"有理数与无理数"知识要点：正数、零、负数；整数、分数；有理数、无理数；数轴；相反数；绝对值、去绝对值符号。

师： 小学数学更多的是以直观的、感性的、碎片化的知识点为主，知识量也相对较少，一个单元常常就讲一个知识点。而到初中之后，一节课常常需要掌握五六个知识点，每个知识点之间还会相互关联，形成每个章节的知识体系。上面呈现的是初一数学上册的第一讲，第一课时就包含了 11 个知识点，全是较为抽象的概念，孩子无法像小学一样借助小棒等具体的物品进行理解。从小学的"计算加减乘除"到初中"逻辑思维"的这种综合转变，决定了很多孩子数学成绩在小学时好，到初中后不一定依然优秀。（PPT 出示）

青春期的心理有哪些变化？
（1）智力功能发展日趋完善。
（2）自我意识渐增强——独立性。
（3）日思夜变多喜欢——兴趣广。

师：与小学生相比，初一学生逐渐进入少年期（12 ～ 15 岁），身体形态开始发生显著变化，身体机能逐步健全，心理也相应地产生变化，自我意识开始快速发展。孩子此阶段的自主性、独立性增强，但自控能力差；热情高、求知欲强，但缺乏韧性。孩子的升学阶段、青春期阶段往往是家长们最为重视和焦虑的时期，而"双减"政策落地给学生学业负担带来改变的同时，也为家长的教育焦虑注入更多复杂性内容。通过活动与分享，我们聚焦了大家共同的担心，作为家长，首先要学会去改变自身的认知，清晰地看到变化，坦然接受各阶段面临的压力。

师：如何有效地帮助学生顺利度过小学到初中的过渡期，无论是家长还是学校都需要高度关注。考虑到初中阶段的特性，帮助孩子在这个时期确立正确的发展路线和保持稳健的步伐至关重要。

过渡：接下来，请家长和同学们以小组为单位，一起参与今天的活动环节，我们会通过"抓手指""环绕地球""打怪升级"三个小游戏，一起探索个人与集体能量如何迸发。

家长的教育观对青少年人生观的形成、学习主动性和投入程度以及家校合作的有效性都有重要的影响，家长能改变认知是实施家庭教育等后续其他过程的必要基础。基于小初衔接的实际情况，家长应改变认知，并与教师达成共识，携起手来一起面对小初衔接的挑战。

第二环节　感受集体——蓄势焕能量

1. 抓手指游戏

（1）目的：感受集中注意力的重要性。

（2）步骤：学生们在小组内围成一个圆形，接着伸出左手朝向左侧的人，将右手的食指直接放在右侧人的手掌上。在组内推荐一位家长发出"原地踏步走"的命令后，所有人开始走动。教师可用"1、2、1"的口令调整步伐。教师说"1、2、3"的口令时，左手应设法抓住左侧人的食指，右手应设法逃掉，以抓住次数多者为胜。

（3）规则：

①抢口令者抓住无效。

②手掌不张开，抓住无效。

（4）分享：胜者在组内分享获胜原因。

2. 环绕地球游戏

（1）目的：感受团队协作能力的重要性。

（2）方法：

①提前给每组准备一块印有世界地图的布和一个网球，布上有几个小洞。

②小组成员拉住地图的四角及边沿，合力将网球从"地球"的一个角，绕过小圆洞，到达每一个在地图上标有旗帜的地方，在规定的5分钟之内，顺利到达终点的队伍获胜。家长们当裁判。

（3）分享：推荐获胜小组家长代表在全班谈获胜原因；失败小组成员谈

失败理由。

师：实践出真知，活动体验最易给人启示。成长中，孩子自身需要不断培养自我专注能力，才能心无旁骛地往前冲；需要依靠团队力量，团结协作，才能合力干大事。在孩子目前所处的初中阶段，作为家长要多鼓励孩子融入集体，多历练与成长，在团队中焕发出孩子更强大的能量。

3. 打怪升级游戏

（1）目的：感受心理健康的重要性。

（2）方法：

①提前运用希沃游戏组件，围绕心理危机常见预警信号与心理调适的相关内容，设置家长和学生两款不同题目的 PK 赛。

希沃题目设置：

家长的判断题有"孩子有吃的、有穿的，上学还有这么好的条件，还有什么不开心的""出现各种逃避行为就是懒惰，为自己不想学习找理由""怎么可能抑郁？就是玩手机太多，受不良朋友影响"等，并匹配添加正面的做法作为其他题目。

学生的判断题有"全世界都没有人关心我""都是别人的错，跟我没关系""遇到困难，不需要向他人求助"等，并匹配添加正面的做法作为其他题目。

②各小组分别派家长代表和学生代表参与 PK 赛，各进行一轮。

（3）分享：现场校对答案并公布评分，及时组织 PK 赛的结果分析，邀请获胜家长 / 学生代表阐述理由。

师：中国科学院心理研究所发布的《中国国民心理健康发展报告（2019—2020）》显示，我国青少年抑郁检出率为 24.6%，其中重度抑郁的检出率为 7.4%，随着年龄的增长，抑郁检出率呈现上升趋势。小学阶段的抑郁检出率约为 10%，重度抑郁的检出率为 1.9% ~ 3.3%；初中阶段的抑郁检出率约为 30%，重度抑郁的检出率为 7.6% ～ 8.6%。

过渡：我们该如何更好地调整策略、多方联动形成合力，促进孩子的健康成长呢?

设计
意图
前两个团队活动，让学生和家长重视专注力培养和团队精神培养。第三个活动提醒家长也要把心理健康当作重要内容关注，并及时为孩子提供相应的心理支持，适当干预。

第三环节 调整策略——聚力促成长

1. 教师"见面会"

（1）学生习惯养成、班级常规管理。

由教师（班主任）进行班级自主管理与班级发展目标解读（PPT 出示）。

预设：通过讲述，家长了解班级发展规划、班级常规管理、学生自主管理团队等，聚焦本班班情与学生发展，懂得如何更好地配合班级做好孩子的督促与辅导工作。

（2）初中课程设置、教学模式、学生学习方法。

师：优秀的班集体离不开一支优秀的教师团队。今天我们特别邀请了本班科任老师们来到现场，大家掌声欢迎!

邀请科任教师（含心理、体育）现场发言，简要对比小初各科目的不同与学习策略，重点突出科目变化、学生身心特征变化等，给家长提供各学科具体的学习策略与建议。

师：小学和初中是义务教育的两个重要阶段，它们在教学手段、教学步调、学习需求、评估方法、师生互动等各个环节存在显著的差异。这些差异也导致了学生在学习主题、学习技巧、学习习惯以及学习态度上的变化。再加上初中阶段学生的生理和心理迅速成长，我们必须全面关注并协助他们，确保"落实"。

2. 学生"成长汇报"

师：新学期，新团队！亲爱的家长朋友们，从孩子们报到的第一天至今，我们这个班集体成立的时间虽短，但一切故事都在"隆重"地发生。我们愿意相信时间、相信成长，从孩子们的好奇、兴奋、喜悦中，我们一起来看看他们小升初此阶段发生的精彩吧。本学期第一次成长汇报现在开始！

预设：家长会留意自己小孩出场的时刻，并会拍照或拍视频记录孩子的展示时刻与成长瞬间。

学生以宿舍为单位，围绕"小学、初中大不同"主题，进行开学初期的学生成长汇报——分享升入初中后自己与小学相比明显的感受、校园生活规划、升初中的开心与收获等。

3. 家长"日新论"

借助初三榜样学生的案例，播放其家长代表"日新论"视频（即初三优秀家长代表分享教育经验），教师及时总结家校合作注意事项。

设计意图

科任教师参与，让家长近距离地了解老师和班级；全班学生均参与现场分享汇报，借由学生展示班级氛围与学生的全面成长，引导家长关注学生的变化，也借此活动提升家长对学生、班级、学校的信心；优秀家长代表分享教育经验，让家长科学地认识家校关系，以更好地与教师、学校保持协作，形成合力，更好地促进孩子成长。

| 会议总结 |

各位家长朋友，假如用一句话概括初中阶段，那就是：初一是培育期，是习惯养成关键期；初二是分化期，是孩子们差距拉大的转折期；初三是拼搏期，是孩子们实现人生理想的奋斗期。今天我们认识了小学和初中的不同，从学习和常规，以及青少年心理健康等方面入手，探讨了如何提高自身胜任力，与孩子一起共同成长；也在案例分享与活动中学习了更多方法来具体应对小初衔接的挑战。在中学阶段，决定学生水平的是学生的整体状态。

凡事预则立，不预则废，请您与孩子一起努力，一起成为"学习共同体"，一起迈好小升初这一步！希望下一次团聚我们会一起遇见更积极自信、踏实阳光的孩子们！

会议延展

（1）亲子互动——孩子分享自己写给家长的卡片，家长写下给孩子的回复。会后学生交由教师暂时保存，留作下一次家长会的素材。

（2）家庭亲子小作业——确定一个家庭仪式，庆祝孩子小升初。邀请家长分享图片、感受，发给教师或分享至班级群，把好的做法进行资源整合与共享，借以营造良好的班级共同体氛围。

（3）定时向父母推荐家庭教育书籍，提供线上和线下的家长教育课程，推荐家庭教育微信公众号，创建用于分享家庭教育的微信群，邀请父母参与学校的父母智能课程或者心理咨询等活动。通过以上方式，调动家长参与学生教育的积极性，提升家庭教育能力。

（4）继续开展阶段性学生成长汇报工作，并及时分享。

（5）安排具体时间，对小初衔接过度焦虑的家长或学生进行个别辅导。

（广东省佛山市外国语学校　宋冰鑫）

（重庆市兼善中学蔡家校区　张蓉）

02. 习惯养成：
好习惯慢慢养，学习力步步高

| 背景分析 |

在"双减"背景下，如何建设高质量教育体系，促进学生全面健康成长，需要每一位教育者深思；初一新生面临"新"与"变"——新环境、新老师、新同学，变多的科目，变难的学习内容，有些孩子在学习方面会出现不适应的现象。而在起始年级重视养成教育尤为重要，它将对学生的初中生涯起奠基作用。养成教育，不仅要打好知识的基础，也要培养良好的习惯，其中就包含学习习惯。家庭是人生的第一所学校，父母是孩子的第一任老师，召开本次家长会，就是为了形成家校联动，帮助学生培养良好的学习习惯。

本次家长会召开时间是初一上学期期中考试后，参会人员是学生和家长。

| 会议目标 |

目标	家长	学生
知识层面	了解减少环境摩擦力、提高执行力的方法。	了解影响学习的因素，懂得良好的学习习惯是可以通过训练养成的。
能力层面	提升运用观察、激励策略帮助孩子养成良好学习习惯的能力。	掌握减少环境摩擦力的方法，形成良好的学习习惯。

目标	家长	学生
态度层面	愿意陪伴、督促孩子养成良好的学习习惯，严格兑现奖惩。	认同好习惯对自己成长的作用，能够持之以恒地按计划落实。

| 会议准备 |

1. 材料准备

（1）红蓝两色的小卡片分别作为家长、学生的"购买券"；一卷透明胶带；一个空盒子（作为盲盒用）；一个写有"学习表现展销会"的迎宾牌；29 张 A4 纸：1 张写"财富论坛"，1 张写"拖延症患者"，2 张写"记者"，9 张写"收银员"，16 张写"导购员"。

（2）部分学生的作业本、笔记本、听默写本、集错本、摘录本、暮省本、周记本，部分学生的"学科制胜宝典"（心得体会），并制作相应的桌卡。

（3）每位家长准备一份本年度的日历。

2. 环境准备

黑板上书写"好习惯慢慢养，学习力步步高"的主题语；讲桌摆放在教室前方靠窗位置，正对学生，桌前贴上"财富论坛"；教室课桌椅分成 8 个小组，小组内桌子拼在一起，依次摆放作业本、笔记本、听默写本、集错本、摘录本、暮省本、周记本、"学科制胜宝典"及其对应的桌卡。

3. 其他准备

（1）教师提前阅读《习惯心理学》《掌控习惯》《拖延心理学》《决定孩子命运的 12 个习惯》等书籍。

（2）家长自愿报名，在家抓拍或录制学生的学习环境（如书桌上摆放了哪些物品，学习区域整洁度如何等）和学习状态（如有无边听歌边学习，躺着看书，在床上做作业等）。可以摆拍。

（3）老师抓拍学生半学期以来的上课学习状态（较好的照片上署名，较差的打上马赛克）。

（4）提前与家长沟通，让他们作好"财富论坛"发言准备。

（5）一名学生在家录制情景剧视频《拖延症患者的穿越之旅》。

（6）学生提前做好角色分工并制作名牌。6人一小组，组内选择平时学习习惯较好的同学担任"导购员"，一名学生担任"收银员"；在班级内选择一名同学扮演"拖延症患者"。

（7）本次会议要求家长和学生一起参加，提前向学生说明在"观览展销会"这一环节的纪律要求，并提前彩排。

｜　会议过程　｜

第一环节　期中复盘会——反思小结，重视习惯

师：各位家长好，欢迎如期参加本次"好习惯慢慢养，学习力步步高"主题家长会！（PPT 出示）

期中小结：

光阴易逝不复返，半期风云苦亦甜，试问成绩都几许？几家满意几家难。

师：本次家长会是在期中考试之后。召开本次家长会，既有反思，也有对策。我发现，从开学以来重视养成自身良好习惯，并坚持将老师的要求落到实处的同学，学习初见成效。（PPT 出示两名成绩优秀学生的作业本、笔记本、集错本、摘录本、暮省本和他们的期中考试排名情况。）

师：我也了解到部分家长的焦虑，有家长倾诉孩子努力不见成效、学科成绩不均衡、家长束手无策等。在此，我向大家提出解决的策略——养成良好的学习习惯。（PPT 出示）

习惯是重复了足够多的次数后变得自动化的行为；学习习惯是在学习过程中经过反复练习形成并发展，成为一种个体需要的自动化学习行为方式。

师：习惯养成是一个不断强化的过程。只有通过持之以恒地训练，才能养成学习习惯。这个过程先苦后甜，一旦养成了，习惯就会如惯性一般，成为一种自觉的行为，助力学习成绩步步高升。今天的家长会，让孩子和家长一起参加，就是为了让双方都了解、正视学习方面的不足；老师、同学和家长一起动起来，形成合力，帮助孩子们养成学习好习惯。

过渡：习惯表现于行为。今天，教室里将召开一场特殊的"展销会"。

设计意图 通过展示学生上半学期表现和分析期中考试成绩，参会成员明确学习习惯的重要性。

第二环节　观览"展销会"——发现不足，调动内需

1. 推出迎宾牌

一名学生将迎宾牌放置在教室讲台靠门的地方。

很多学生参展了，展示的是一种特殊的商品——良好的学习表现；有的家长也参与了，他们把孩子在家里的学习表现展示了出来。

师：待会儿我们一起去逛一逛，看中了，就把同学的名字写下来，递给相应区域的"收银员"。我相信，总有一款适合你。

2. 展示参展"商品"

学生的作业本、笔记本、听默写本、集错本、摘录本、暮省本、周记本、"学科制胜宝典"依次陈列在 8 个小组，每一组摆放相应的桌卡，多媒体滚动播放家长拍摄的图片、视频；每一组有一名"收银员"，讲台下也站着一名"收银员"。

3. 宣布购买规则

（PPT 出示）

家长和学生均可以购买，含家长在内，人手两票，充分行使自己的购买权；

以小组为单位，在本组"导购员"的带领下，逐场参观，听从"导购员"安排，参观完一场后，由本组"导购员"安排参观下一卖场；

观览过程中，遵守纪律，不高声喧哗，不随意乱走；

家长和孩子在选购商品的过程中，可以彼此商量，选择最适合自己的"商品"；

购买券正面写上买家名字，背面写卖家名字、"商品"名称、购买理由；

购买了该"商品"的学生或家长可拍照。

4. 采访消费者

两名"记者"随机采访几对消费者，询问消费理由，包括家长或孩子欠缺什么、"商品"的吸引力在哪等。在"记者"采访的同时，"收银员"统计获利最多的学生及家长。

5. 举办财富论坛

一名"收银员"宣布统计结果，获利最多的学生和家长作"财富论坛"演讲。

预设：学生围绕自己的"商品"谈经验；家长谈如何为孩子营造学习环境，监督他们养成好习惯，如学习区域不能出现手机、零食等干扰孩子专注力的物品，规定学习时间，不在孩子学习时随意干扰等。家长谈经验时，多媒体上对比滚动播放不同的学习环境以及差异化的学习行为的图片、视频。

师：学习有迹，知识无价。各位在本次"展销会"中有参观，有购买，有倾听，希望你们有收获，物超所值。

设计意图 养成良好学习习惯的第一步：发现不足，调动内需。用模拟展销会的形式，引导家长及学生观摩良好的学习方式；用"财富论坛"的方式，引导学生从榜样的身上学习优秀的做法，改进学习习惯。为下一步"规划'一天'，确定内需"作铺垫。

第三环节　提档升级会——规划"一天"，确定内需

1. VIP 售后服务：确立改进学习习惯的目标和方法

师: "展销会"结束了，我赠送给大家一次提档升级服务——养成良好学习习惯的第一步，需要明晰自己的不足，明确自己的改进目标。怎么改进呢？我们来听一下"导购员"的建议。

步骤：6 名学生及其家长围坐，"导购员"陪同，"收银员"将购买券还给学生及家长。

多媒体展示确定学习目标的要求。（PPT 出示）

要求：目标明确，切合实际，措施具体，可操作。

我的困难	学习目标	改进方法	特别提醒	学生签字	家长签字

在"导购员"的建议下，组内学生和家长共同讨论、评价、修改，确保设定的目标与改进措施符合要求。目标不能贪多求全，计划应具可操作性。

2. 利用日历，改进学习"第一天"

让学生在当天的日历背面，写上自己的学习目标与改进计划。

养成良好学习习惯的第二步:规划,让学习具有计划性。目标不必面面俱到,但一定要有针对性,要"细",要"实";改进方法一定要切合目标,可操作,可控制。

第四环节　持续追踪会——"天天"重复,形成习惯

师:学习目标确定了,改进措施也有了,家长们,请注意看孩子的表情——仿佛给自己打了一针鸡血!但是,我们真的放心了吗?(PPT 出示)

这些情况我家孩子有吗?
(1)看书是治疗失眠的良药,游戏是保持兴奋的法宝。
(2)千里之行,止于足下。
(3)只要不谈学习,干啥都是乖宝宝。
(4)干啥啥不行,睡懒觉第一名。
(5)笑声、语声、电视声,声声入耳;作业、笔记、暮省本,本本闹心。

家长开启"吐槽大会"。
预设:引导家长从信心不足、兴趣不高、定力不够、易受干扰、追求完美、畏难情绪等方面交流。

1. 情景剧《拖延症患者的穿越之旅》
师:各位家长,让我们复习一下学习习惯的定义。(PPT 出示)

学习习惯是在学习过程中经过反复练习形成并发展,成为一种个体需要的自动化学习行为方式。

师:习惯养成是一个过程,需要慢慢走。走在路上,存在未知的变数。我们可能会遇到外界突如其来的阻挠。人类基因中也自带一些 bug,会使我

们的计划变成一张纸、几行字。比如拖延症！

（1）现实场景。

"拖延症患者"：（拿上写了改进学习"第一天"日历的学生上场）老师，我的英语成绩不是特别好，刚才"导购员"和家长帮我分析了原因，确定了学习改进计划。（大声念）我的英语积累不够。所以我决定：以后每天花20分钟，用来背诵、默写8个单词，（抬头，面向观众，表情得意）我觉得还是很简单的嘛。（转向老师，低声说）但是，老师，我有拖延症，担心自己坚持不下去！

师：我给你一个剧本，假如你按照剧本的编排穿越一下，你就成功了。

（2）观看《拖延症患者的穿越之旅》。

剧情简介：

场景一：（学生和父母头扎"加油"的布条，一起面对镜头）"现在离期末考试还有67天，远离拖延症，'一天'变'天天'，养成好习惯，我们齐加油！"（举起拳头，作"加油"状。）

场景二：（第一天，家里）学生将日历郑重其事地悬挂在书桌上方，走到门口，又走向书桌，抬头，凑近，面露满意之色。"嗯，我把日历放在最醒目的地方，抬头低头都能看见，这样它就能时时刻刻提醒我啦！"

场景三：（第二天，书桌上有手机、电脑、零食，书籍凌乱）学生来到书桌前坐下，习惯性地拿出手机，塞了一把零食在嘴里，开始刷抖音，跟随短视频哈哈大笑。猛然抬头看见日历，默默地放下手机，想了一会儿，离开书桌，将零食放在茶几上，把手机递给妈妈，对妈妈说："妈妈，我学习的时候，您帮我保管一下手机吧。"他回到书桌前，归类整理书籍，将教科书、课辅资料放置在书桌最醒目的地方。

场景四：（第三天，家里，书房门打开）学生在书桌前做作业。（客厅里）电视声音嘈杂，爸爸在沙发上作葛优瘫，拿着手机刷视频，妈妈拿着水果走向书房，猛然顿住，自言自语："老师说，要给孩子营造学习氛围，不打断，别诱惑，莫干扰。"妈妈悄悄掩上门，蹑手蹑脚回到客厅，对爸爸说："嘘，关上电视，别玩手机，我们也来做点事。"爸爸放下手机站起来，跟着妈妈走进厨房。

场景五：（第四天，学校）孩子坐在课桌前，捧着书背单词，不一会儿便将书拍在桌上，双手猛揪头发，作苦恼状。"哎，我真没用，老是背不过！"另一学生上前，坐在课桌对面："哎，没关系呀，一次背不过那么多，就分两次背嘛。来，我们比一比，看谁背得快！"俩孩子背诵默写，你来我往，很快就背完了。俩孩子作惊喜状："咦，怎么这么快就背完了？"

（PPT展示：第五天、第六天、第七天……）

场景六：（期末考试这一天）孩子撕下日历最后一天，表情满意，举起右手作胜利状。

（3）回到现实。

"拖延症患者"： 老师，穿越了一圈，我再也不拖延了！（撕下背上贴着的"拖延症患者"的A4纸）

2. 亲子讨论，总结方法

师： 养成学习习惯要重视外因与内因两重因素。外因主要指环境。美国心理学家温迪·伍德在《习惯心理学》中提到，不利的环境极易干扰人的行为，使计划难以坚持下去，这就叫作环境摩擦力。学生在学习状态下，手机、零食、电视声音、父母交谈、同学邀约等都可能增大摩擦，中断学习，使好习惯难以养成。所以，想要养成好的学习习惯，学生务必重视减少环境摩擦力的消极影响，制订计划应考虑全面一些，尽量让自己处于有利于学习的环境中。

师： 内因对习惯养成起决定作用。学生需要坚定信念，在父母、同伴的监督与陪伴之下，持之以恒地走下去。这个过程，需要有明确的目标、清晰的途径、确定的期限。

师： 千里之行，始于足下。现在，家长们，孩子们，让我们一起行动起来，将"一天"变成"天天"吧。

（1）家长、学生再次讨论改进学习的目标、途径。要求：目标不能超过两项，一日行动计划应周详一点。

（2）以本学期期末考试日期为期限，"每日行动计划表"写在对应的日历后面。

师：以本学期期末为节点，这份日历满载着我们的决心。现在，孩子们，请珍重地捧起这份日历，回家后将它挂在书桌旁最显眼的位置。当天完成任务后，撕下这一页，交给家长签字，然后带到学校交给学习委员。接下来，就是考验我们毅力的时候了。

设计意图 学习习惯养成的难点在于提高执行力，心动容易行动难。本环节预设学生执行过程中可能会遇到的障碍，教方法，搭支架。这一环节比较强调环境的作用，尽量减少环境对学生的负面影响，即减少"环境摩擦力"。

过渡：家长们，我们欣慰地看到，孩子已经迈出了养成良好学习习惯的第一步。我想，大家可能和我一样，不愿意看到孩子孤军奋战吧。所以，我再次追加了售后服务，希望家长们给予孩子适当的"小确幸"——奖励，有时给个"小鞭子"——督促，促使孩子能坚定地走下去，巩固好习惯。

第五环节　售后服务会——奖励督促，巩固习惯

1. 实施盲盒启动计划

家长与孩子商量，如果孩子执行"每日行动计划表"，双方约定奖励措施：每位家长写 10 份奖券（正面写学生名字，背面写奖励内容），投放在盲盒里；实施了计划的学生，家长在当天日历上签字，学生将日历带到学校，交给学习委员统计；每周班会，班长开启盲盒，随机抽取 10 张奖券，一周内上交了 5 张日历的学生才有资格领取奖励。

2. 定下奖惩契约

双方商讨奖惩协议。奖惩分为阶段奖惩与总奖惩。协议一式两份，学生保留一份，老师保留一份。

设计意图 学习习惯的养成，还需要一些外力。盲盒计划给学生以激励，奖惩契约给学生以约束。内外结合，促使学生养成好习惯。

| 会议总结 |

总之，养成良好学习习惯的秘诀是：讲方法，重过程，需激励，要督促。家校配合，久久为功。

学习成效怎么样，重在习惯好不好。各位家长，孩子如风筝，未来在苍穹。但我们要握紧手中线，在微风徐徐的日子里，找一片开阔的地方，将风筝打开，助跑，牵引，让它逆风稳健起飞，笑瞰人间最美山河！

| 会议延展 |

（1）会后亲子双方在家布置学习空间。清理不必要的物品，把日历挂在醒目位置。

（2）亲子双方坚持每日在日历上签字，学生将日历带到学校（住校生互相监督），交给学习委员统计。利用班会课实施盲盒计划。

（3）教室张贴光荣榜，学习委员每日统计，执行力强的同学可获得五角星，期末评选"习惯之星"。

（重庆市兼善中学蔡家校区 张蓉）

03.

假期管理：
—— 多元"作业"，平衡管理

| 背景分析 |

　　教育部发布《关于加强义务教育学校作业管理的通知》，其中第七条提出"引导家长树立正确的教育观念，切实履行家庭教育主体责任""督促孩子回家后主动完成学校布置的作业"。由此可见，家长负有管理学生假期作业的责任。

　　进入初中阶段后，学生的作业类型更加丰富，作业时间更加紧迫，作业压力也相应增大。如何帮助孩子适应这种变化？这就需要家校联动，对孩子的作业进行规划和指导。放假期间，更需要家长沉下心来，掌握科学的方法，协助孩子管理假期作业。

　　本次家长会召开时间是初一上学期期末，参会人员是学生和家长。

| 会议目标 |

目标	家长	学生
知识层面	了解假期作业管理的方法。	了解假期作业规划的方法。
能力层面	灵活运用假期作业管理方法，提升假期作业管理能力。	提升假期作业质量。

目标	家长	学生
态度层面	愿意以积极的态度参与到孩子的假期作业管理之中。	高度重视假期作业，并乐于完成。同时愿意接受父母管理。

｜ 会议准备 ｜

1. 材料准备

"假期作业平衡轮"图片、黑色签字笔、A4 纸、粉红色座签、学生志愿者绶带等。

2. 环境准备

有大屏幕、大舞台的多功能教室，且座位能够容纳全班学生和家长。

3. 其他准备

（1）印发家长会邀请函，提前发给家长。

（2）家长提前列好假期作业管理的困惑，带着问题参加家长会。

（3）班主任提前录制好情景剧表演视频。

｜ 会议过程 ｜

师：尊敬的各位家长，亲爱的同学们，大家好！时间如白驹过隙，初中生活的第一学期就快结束了。面对即将到来的寒假，你们作了怎样的规划呢？对于寒假期间的作业你们又将如何科学安排呢？提到假期作业管理，不少家长都皱起了眉头，毕竟管与不管，管得科学与否，效果截然不同。别担心，今天的家长会将带领大家一起解决假期作业管理的困惑。

第一环节　欣赏小品——明晰作业管理意义

师： 首先请欣赏由我们班部分家长和学生带来的情景剧《假期作业管理面面观》。各位家长在观看时请找找自己的影子，看看自己属于哪一种类型的家长。

第一组家庭：放任不管型。

小品内容：孩子放寒假了，家长对孩子的作业不闻不问。孩子说做好了，家长也不检查，放心地让孩子去玩。孩子对自己的作业也不上心。开学后，孩子的考试成绩很不理想。

第二组家庭：支配专制型。

小品内容：孩子放寒假了，家长开始紧张焦虑起来，一天盯着孩子做作业，每个时间段必须完成某一样作业，非常严格。孩子苦不堪言，渐渐产生逆反情绪，和家长对着干。开学后，孩子的考试成绩很不理想。

第三组家庭：科学民主型。

小品内容：孩子放寒假了，爸爸妈妈及时召开家庭会议，和孩子一起制订寒假作业规划，明确每一天的作业目标。在管理孩子的假期作业时，有鼓励与欣赏，有批评与鞭策，亲子关系融洽。开学后，孩子成绩进步明显。

（PPT 出示）

欣赏小品，家长找找自己的影子，看看自己属于哪一种类型的家长。

师： 欣赏完这个小品，我想现场的家长或多或少都能找到自己的影子吧。小品中有三种类型的家长，您属于哪一种？或者哪一种都不是。请在纸上写出您的答案。

过渡： 家长们，刚刚这个小品真实地告诉我们，科学的假期作业管理，对家长和孩子都意义重大。接下来，我们将进入第二个活动环节：分组讨论——寻找作业管理方法。

依托家长和孩子的情景剧表演，为家长会营造一种真实感和现场感，让每位家长都能从中找到自己的影子，从而思考假期作业管理的科学方法和策略，为下一个活动环节作铺垫。

第二环节　分组讨论——寻找作业管理方法

师： 家长们，我们现在分了四个组，请每组选出一位组长。组长带领大家一起讨论：假期作业管理，家长应该怎么做？并把讨论结果写在 A4 纸上。讨论时间为 5 分钟，结束后每组派一名家长代表上台发言。（PPT 出示）

分组讨论，寻找假期作业管理的方法。

5 分钟过后，讨论结束，四个组依次派家长代表上台发言。

预设： 根据情景剧内容来谈——

第一组：多抽时间，多陪孩子，多加管理。

第二组：放平心态，宽严相济，松紧有度。

第三组：相互尊重，民主和谐，高效管理。

第四组：加强学习，多听建议，取长补短。

过渡： 四个组讨论热烈，发言积极，分享的方法也不错。其中第四组希望加强学习，多听建议，下一个环节可以帮助到你们哦！

欣赏完情景剧后，一定能引起家长的共鸣，他们心里会产生一种互相倾诉和改变自己的冲动。小组讨论正是为契合家长的这种心理而设计的。同时，让家长试着去寻找方法，可以极大地激发家长参与会议的积极性。

第三环节 活动体验——探究作业管理妙招

1. 现场鉴别，家长孩子谁之过

师：家长们，我曾在假期接到一个投诉电话，是家长投诉自己孩子的，投诉内容如下：

××老师，我和孩子因为假期作业吵了一架。这熊孩子简直不可理喻，请老师来评评理。

早晨，我让孩子早点起床完成每日一读的作业，他却在公园跑步，并告诉我他在完成作业；上午，我让孩子回到书房完成假期作业，他却跑到社区帮忙运送物品，并告诉我他在完成作业；下午，我再次提醒孩子该做假期作业了，他却和几个同学去郊外写生，也告诉我他在完成作业；晚上，孩子回来了，我想这下终于可以做作业了吧，他却一头钻进厨房洗洗涮涮，美其名曰这也是完成作业。

老师，这一天我就没有看到他真正做过一次作业，他却说他一直在完成作业。真是气死我了，我要投诉他！

师：家长们，听了案例中的这个投诉电话后，你们有什么感受呢？请畅所欲言。

预设：

（1）案例中的家长说得有道理。孩子不仅不做作业，还找这么多理由，真是气人。

（2）案例中的家长真是说出了我的心声，我也遇到过这种情况。

（3）案例中的家长和孩子好像都有道理，又好像都有不对的地方。

（4）案例中的家长和孩子对作业的理解不一样。

……

师：谢谢大家的发言，其实案例中的这位家长和孩子争论的焦点是：假期作业究竟是什么？

家长：假期作业就是完成文化学科的作业。

孩子：假期作业还包括体育锻炼、社会实践、兴趣发展、劳动体验等。

师：其实，家长和孩子都有想得不周到的地方。家长对作业的理解太狭隘了，仅局限于文化学科作业，无端责备孩子；孩子的确是在完成假期作业，但应提前和家长说明情况，并且一天之中应该合理安排学科作业和其他作业的时间。所以这个案例中提到的家长和孩子的行为均有过错。

师：家长们，也许你们会疑惑，为什么现在的孩子在假期需要完成的作业形形色色呢？从国家政策来看，"双减"需要减轻学生过重的学科作业负担；从学生的长远发展来看，涉及的是一个"平衡轮"的道理。

2. 亲子共绘，多彩假期巧安排

师："平衡轮"是一套从目标引导到实际行动的有效流程和工具的组合，就像自行车的两个轮子，只有掌握平衡才能稳步向前。运用"平衡轮法"可以帮助我们有效规划假期安排，帮助孩子养成通盘考虑、全面兼顾、多元发展的生活习惯。怎么利用"平衡轮"工具呢？

第一步，在一张白纸上画一个大大的圆。

第二步，把这个圆分为8份。

第三步，在每一份里面填入假期需要完成的作业类别。

第四步，用笔标注每种作业需要完成的时间。

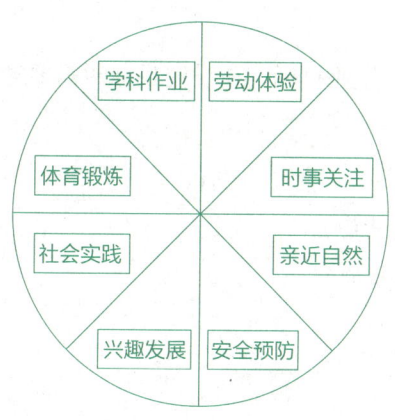

假期作业平衡轮

师： 现在请家长和孩子一起在"平衡轮"的八个区域标注出作业完成所占时间的百分比，比如：安全预防，100%。

亲子标注百分比时，教师巡视，观察大家标注的情况，并给予必要的指导。5分钟后，选一组家庭代表来展示"假期作业平衡轮"。

预设： 学科作业时间占40%；体育锻炼占20%；劳动体验占10%；社会实践占10%；兴趣发展10%；亲近自然5%；时事关注5%；安全预防时刻注意，占100%。

师： 由此可见，在假期作业中，学科作业所占比重很大。下面我们以学科作业管理为主，一起探究多元作业怎么管。

3. 教师引导，多元作业怎么管

师： 要探究管理的方法，首先要明白什么叫"管理"。请看大屏幕——（PPT出示）

管理是指一定组织中的管理者，通过实施计划、组织、领导、协调、控制等职能来协调他人的活动，使别人同自己一起实现既定目标的活动过程。

师： 从管理的概念我们明白，家长作为假期作业的管理者，要组织和领导孩子一起实现完成作业的目标。那么，首先需要设定目标。

（1）目标设定法。

为了有效实现多元作业目标，在设定目标时需要遵循SMART原则：

Specific（具体的）

Measurable（可衡量的）

Achievable（可实现的）

Relevant（相关的）

Timely（有时限的）

①切分目标。以学科作业为例，设定的目标要可视化、可操作、可评价。同时需要把一个假期的大目标分解为一个个小目标，并设置作业完成的时间，这样的目标才更容易实现。

②平衡分配。从"假期作业平衡轮"可以看出，孩子有八类作业需要完成，建议每天的目标设定中将各种作业交替进行。比如，一天中既可以完成学科作业，也可以进行劳动体验或体育锻炼。当孩子完成了学科作业后，可以到社区进行社会实践，也可以到户外亲近大自然。这样平衡分配后，作业完成的效率会更高。

（2）提前规划法。

实现目标的路径是行动，而行动的先导是作好规划。提前列出规划表更容易帮助孩子管理时间，高效完成作业。

（3）复盘总结法。

每日规划不能流于形式。一天结束后，家长要留时间和孩子进行当天的复盘总结，让作业管理看得见、摸得着。

（4）刚柔并济法。

①严格管理，奖惩结合。作为管理者，家长需要严格执行管理规则。一旦和孩子设定目标，作出规划，就必须遵照执行，不能纸上谈兵。孩子提前和超额完成任务，家长可以进行适当奖励，比如一起看场电影等；如果没有完成任务，家长应该给予适当惩罚，比如减少一个小时的娱乐时间等。只有通过严格管理，奖惩结合，才能让作业管理落到实处。

②温情关怀，接纳赏识。在作业管理中，既要有严父的督促，也要有慈母的关怀。在孩子遇到困难时，家长应该指导和帮助孩子一起挑战困难，走出困境，增强孩子直面困难的勇气和信心。

家长在管理过程中要心平气和，不可心浮气躁。要善于接纳和赏识自己的孩子，努力捕捉孩子在假期作业中的闪光点并恰当表扬，让孩子乐于完成假期作业。

（5）镜头定格法。

①巧妙抓拍。家长要借助现代科技力量，在孩子完成作业时进行巧妙抓

拍。可以抓拍他认真完成作业的样子，抓拍他体育锻炼留下的汗水，抓拍他劳动体验时忙碌的身影，抓拍他亲近自然时陶醉的模样……通过抓拍，留下孩子假期成长的足迹。

②精心制作。抓拍的照片需要进行制作，可以制作成短视频，也可以冲洗出来做成相册，还可以做成相框展示在墙上，让孩子的假期作业被看见、被重视、被珍惜。

③分享赋能。在征得孩子同意的情况下，可以把这些珍贵的视频和照片发到朋友圈，通过分享为孩子的假期作业赋能，让孩子拥有更强的动力。

（6）善借外力法。

家长在假期作业管理的过程中难免遇到困难，有时甚至束手无策，这时要善于借助外力帮助自己。

①要善于借助老师的力量。老师的经验比较丰富，对孩子也比较了解，特别是班主任，能有效帮助家长解决问题。

②要善于借助其他家长的力量。大家相互学习、相互借鉴、相互帮助，有时问题就解决了。

③要善于借助孩子同伴的力量。有时同伴的劝告比家长的说教更管用。

过渡：家长们，这一环节我们通过"平衡轮"工具，探究出了假期作业管理的六种方法，希望大家根据自己家庭的实际情况灵活运用。

设计
意图

家长讨论的方法主要聚焦在学科作业管理方面，班主任应该帮助他们跳出这种思维的局限，更全面、更深入地了解假期作业管理的方法，让家长会落到实处。假期作业平衡管理，其实就是培养孩子多元发展，从而让家长会的意义更加深远。

第四环节　现场答疑——解决作业管理难题

师：家长们，经过前面三个环节的互动交流，如果大家在假期作业管理方面还有困难和疑惑的话，请写在纸上，我们再作交流。

5分钟后，老师把纸条收上来，把家长的疑惑进行分类，再依次进行解答，在解答的过程中注意保护家长的隐私。

（PPT 出示）

现场答疑，个别帮助。

预设：家长的困惑可能有——

（1）孩子从小跟着爷爷奶奶，没有和我们住在一起，我该怎么管理？

（2）我的文化水平只有小学程度，我该怎么管理？

（3）孩子现在很叛逆，根本不听我的话，我该怎么管理？

（4）孩子做作业非常拖延，我该怎么管理？

（5）孩子在假期喜欢通宵玩游戏，我该怎么管理？

（6）孩子的假期作业总是要开学之前才做，我该怎么管理？

（7）孩子总喜欢在网上搜索答案，我该怎么管理？

（8）孩子一放假就拼命做完作业，后面的时间就只顾玩，我该怎么管理？

（9）孩子做作业总是很敷衍，缺乏主动性，我该怎么管理？

（10）孩子总是丢三落四，做完作业后就找不到了，我该怎么管理？

教师根据家长的疑惑灵活解答。

预设：教师的解答——

（1）尽量想办法把孩子接到自己身边管理，如果不行，和爷爷奶奶沟通一下作业管理的方法。

（2）尽量做到多陪伴、多督促。

（3）和孩子好好沟通，必要时可借助老师和孩子同伴的力量。

（4）针对拖延的孩子，就要用时间管理法了，比如"番茄钟"管理法。

（5）慢慢帮助孩子戒掉游戏，保证孩子的睡眠质量。

（6）刚放假的时候就和孩子一起制订寒假计划，列好每日清单。

（7）对电脑加强管理，若有条件，自己给孩子解答作业的疑惑。

（8）作好时间的分配。

（9）作业每日检查，奖惩结合，宽严相济。

（10）努力培养孩子学会收拾自己东西的好习惯。

设计
意图

教师的专业引导能够解决一些共性的问题，不同的家庭还有一些个性的问题，这时候需要教师个别支招。这一环节是上一环节的延续，也是上一环节的提升，将对假期作业管理给予更加全面和贴心的指导，也将整个家长会推向了高潮。

会议总结

亲爱的家长朋友们，都说父母是孩子的第一任老师。这个寒假，我们把孩子送还到你们手上，希望你们运用科学的方法帮助孩子进行假期作业管理，让孩子在这个寒假学得开心，玩得愉快，真正实现弯道超车。

会议延展

（1）开学进行"寒假优秀作业"展评，并为相应的家长和学生颁发奖状，以此鼓励假期作业管理做得好的家庭，起到榜样示范作用。

（2）开学时以"家长会后的变化"为题向全班家长和学生征稿，并把收到的稿件打印出来，张贴在展板上，对本次家长会的效果起到宣传作用。

（重庆市第十一中学校　张艳群）

04.

陪伴方法：

—— 优质陪伴，让孩子一生幸福

| 背景分析 |

《未成年人保护法》第十五条规定："未成年人的父母或者其他监护人应当学习家庭教育知识，接受家庭教育指导，创造良好、和睦、文明的家庭环境。"第十六条规定，未成年人的父母或其他监护人应当"关注未成年人的生理、心理状况和情感需求"。

步入初中阶段的学生面临着诸多变化：学习科目变多、难度增大，自我意识觉醒，情绪复杂、强烈、不稳定等。孩子非常需要家长陪伴赋能。如果家长疏于陪伴，孩子缺少情感慰藉，容易出现"早恋"、抑郁等常见问题。因此，在初一开展以"优质陪伴，让孩子一生幸福"为主题的家长会很有必要。

本次家长会召开时间为初一上学期期末，参会人员是学生和家长。

| 会议目标 |

目标	家长	学生
知识层面	了解初中阶段家长陪伴孩子的意义和价值。了解家长陪伴孩子的要点。	了解初中阶段亲子相互陪伴的意义和价值。
能力层面	能够掌握高质量陪伴孩子成长的方法。	能够掌握积极回应家长陪伴的方法。

目标	家长	学生
态度层面	认同"民主平等、共同成长"的陪伴理念，愿意放低姿态、巧用心思、专注陪伴。	接纳"父母陪伴、共同成长"的理念。愿意在父母陪伴时，用尊重父母的态度与父母平和交流。

会议准备

1. 材料准备

（1）学生准备：请你以"爸爸（妈妈）陪我度过的幸福时刻"为题，写一篇600字的作文。要求：①真实。②写在稿纸上。③配上照片（可以一张或多张，钉在作文首页）。

（2）准备亲子照（或大头贴）5～8张，可以是一起读书，一起品尝美食，一起在欢乐谷游玩……总之，只要是体现亲子相互陪伴、共度幸福时光的照片都可以。

（3）话筒、碳素笔、A4纸、彩笔等。

2. 环境准备

准备场地较为宽敞的会议室，孩子和家长并排就座。

3. 其他准备

进行问卷调查，具体如下：

尊敬的家长朋友们：

大家好！为了强化家长陪伴意识，畅通亲子沟通渠道，增进亲子情感，也为帮助孩子顺利度过初中三年的学习和生活，给他们提供更多的支持和动力，更为让家长尽快成长为赋能型家长，我们根据本次家长会主题"优质陪伴，让孩子一生幸福"设计如下问卷，请您摒弃疑虑，如实填写问卷，并算出问卷调查得分。期待您在本次主题家长会召开前上交。我们郑重承诺：问卷若涉及个人隐私，一定替您保密。

学生姓名：_____ 与学生的关系：_____ 得分：_____

1. 孩子在学龄前跟谁相处时间最长?（　　）

A. 爸爸妈妈　B. 祖辈　C. 保姆　D. 其他_____

2. 您的家庭教育方式属于下列哪一种?（　　）

A. 民主型　B. 专制型　C. 溺爱型　D. 其他_____

3. 您能写出孩子小学阶段、初中阶段最好朋友的名字吗?（　　）

小学阶段_____；初中阶段_____。

4. 请您写出孩子从小到大最感兴趣的事情。

_____

5. 现在（初一）谁陪伴孩子的时间最长?（　　）

A. 爸爸妈妈　B. 祖辈　C. 保姆　D. 其他_____

6. 您在哪个时段陪伴孩子最多?（多选)（　　）

A. 星期一到星期五晚上　B. 周末　C. 寒暑假

D. 没有陪伴　E. 其他_____

7. 您通常陪伴孩子做什么?（　　）

A. 读书学习　B. 体育锻炼　C. 家务劳动　D. 放松娱乐

E. 其他_____

8. 您在陪伴孩子的过程中情绪如何?（　　）

A. 享受　B. 平静　C. 烦躁　D. 焦虑　E. 其他_____

9. 孩子在您的陪伴下通常感觉如何?（　　）

A. 享受　B. 平静　C. 焦虑　D. 烦躁　E. 其他_____

10. 孩子在遇到学习或生活中的问题时，首先会寻求谁的帮助?（　　）

A. 爸爸妈妈　B. 朋友（同学）　C. 老师

D. 祖辈　E. 其他_____

选项得分：

第1题：A4分，B3分，C2分，D1分。

第2题：A3分，B2分，C2分，D1分。

第 3 题：写出几个名字加几分。

第 4 题：写出并且询问孩子，正确得 2 分；未能写出或者写错不得分。

第 5 题：A 4 分，B 3 分，C 2 分，D 1 分。

第 6 题：选择几项加几分，选择"没有陪伴"不加分。

第 7 题：选择几项加几分。

第 8 题：A 3 分，B 2 分，C 1 分，D 0 分。其他类感受：好感受 2 分，坏感受 0 分。

第 9 题：A 3 分，B 2 分，C 0 分，D 0 分。其他类感受：好感受 2 分，坏感受 0 分。

第 10 题：A 3 分，B 2 分，C 2 分，D 2 分。其他若可以起到好作用的帮助人 2 分，起到坏作用的帮助人 0 分，不寻求帮助的 0 分。

得分分析：

24 分及以上：证明您关注孩子的成长，肯花时间陪伴孩子，因为对孩子的陪伴到位，所以你们亲子之间的关系融洽。

16～23 分：证明您较为关注孩子的成长，但是在陪伴孩子的时间和质量上还有继续提升的空间，希望您看到自己在这方面的不足，及时裨补缺漏，不留遗憾。

15 分及以下：证明您很少关注孩子的成长，请您从此刻开始重视关注孩子成长、及时陪伴孩子这个问题。教育的契机转瞬即逝，孩子的成长不可逆转，切不可因为自己嫌烦偷懒、俗事缠身就忽视对孩子的关注与陪伴。

| 会议过程 |

师：尊敬的各位家长，亲爱的同学们，大家好！很高兴与大家见面。我们今天的家长会主题为"优质陪伴，让孩子幸福一生"。本次家长会召开的目的有三：一是让家长意识到关注孩子成长的重要性；二是让家长体悟到陪伴孩子长大的价值和意义；三是教会家长根据自己孩子的性格特点，选择适合自己家庭教育理念的陪伴方式，最终达到融洽亲子关系、赋能孩子成长、实现家校共育的目的。

第一环节　觉察问题

1. 图文连线

师: 大家一起看下面的图片,然后从 A、B、C、D 四个选项中选出可以概括图片含义的选项,并连线。(PPT 出示图片)

图片一:女儿在写作业,妈妈在玩手机,脑子里想:"这个主播太逗了。"标题为"我'陪'你"。

图片二:儿子泪眼汪汪地站在门口,爸爸一边拿着电话穿鞋出门,一边回头对孩子说:"儿子,下个周末爸爸一定兑现承诺,带你去欢乐谷。"

图片三:女儿站在客厅茶几前对爸爸妈妈说:"老师要家长考单词。"爸爸看也没看女儿说:"等会儿,我在看世界杯总决赛呢!"妈妈一边拍着脸一边说:"等会儿,我做面膜呢。"

图片四(组图):

图①:儿子说:"爸爸,这周末学校组织研学,要求家长帮助准备户外研学用具。"爸爸说:"儿子,我给你钱,你自己买吧。"

图②:儿子说:"爸爸,我这次辩论赛被评为最佳辩手了。"爸爸说:"儿子,你真棒,爸爸给你钱,你和小伙伴们庆祝一下。"

图③:儿子说:"爸爸,我这次语文考试不及格。"爸爸说:"儿子,咱请一个最好的老师给你补补课。"

A. 万能的钱　B. 遥远的约定　C. 都有事　D. 心不在焉

师: 第一张图,妈妈看似坐在孩子身旁陪孩子写作业,但其实是在玩手机,心思根本没有用在孩子身上,这是典型的心不在焉,连线 D。第二张图,父亲一次又一次许诺,一次又一次爽约,父子间兑现约定的期限好像遥遥无期,永远不能实现,所以连线 B。第三张图,家长都忙着手头的事,谁也不愿意放下自己最感兴趣的事去考孩子单词,所以连线 C。组图里的爸爸什么都用钱"摆平",连线 A。

2. 争做"透视镜"

师： 请家长朋友们谈一谈看完这些图片后的感受。（稍后再问）我们都来做"透视镜"，看一看家长这样做背后的原因是什么。

预设：

（1）我感觉家长们都太忙了，没有时间陪孩子，要陪也不是全身心的、高质量的陪伴。背后的原因：家长在家更愿意做一些轻松的事情。

（2）我看到图片四有点难过，什么都用钱说事，我感觉有时候孩子并不需要很多钱。另外，所有事情都用钱来解决，是否会对孩子的情感和价值观产生不良的影响？背后的原因：现在生活压力太大了，家长们尤其是爸爸心里想得更多的是奋斗养家，没有更多的时间和精力陪伴孩子。

过渡： 陪伴应该是世界上最温暖的事情，但是我们总因为这样或那样的原因，没能很好地陪伴孩子。缺少陪伴会给孩子带来很多危害，下面我们可以一起来感受一下。

设计意图 班主任通过出示图片，让家长连线，剖析原因，让家长意识到自己对孩子缺少陪伴。

第二环节　感受危机

师： 家长朋友们，我在本次家长会召开前做了一些准备工作，其中最重要的一项就是让孩子来写写自己与父母相处的幸福时刻，并配图。我将上交的作文及照片进行了分类，现在请大家看着 PPT 上的照片和文字，谈谈感受。

1. 出示学生作文

（1）出示第一组作文及照片。

预设： 照片场景温馨，孩子和家长脸上洋溢着幸福的笑容，让人感觉温暖幸福。这部分作文有的文通字顺，有的语句欠通顺，但都能从文字中感受到孩子内心的宁静踏实、幸福满足，读来让人喜悦、感动。

（2）出示第二组作文及照片。

预设：照片似乎与主题关系不大，文章比较随意，感觉孩子在写作文时并未走心。

2. 明晰危害

师：相信你们能真切、深刻地感受到，和父母在一起快乐幸福的孩子，即便他们的文字功底不好，也会把文章写得真实感人。因为这幸福的时光他们亲身经历了，这美好回忆不会随着时间的流逝而褪色。所以，孩子们所写的与父母在一起的时刻到底幸不幸福，我们一读便知。倘若在您与孩子相处的十几年时间里，并未给他留下过一个刻骨铭心的幸福时刻，那只能证明，您在孩子成长的过程中是缺位的，请您务必要重视这个问题。

师：孩子缺少父母陪伴会产生很多问题，请和我一起来看——（PPT出示）

孩子缺少陪伴的危害：（1）缺少认同，缺乏自信，缺乏安全感。（2）缺少支持，学习不佳，内心自卑。（3）寻求"外援"，深陷"早恋"。（4）情感淡漠，不易相处，不愿与人沟通。

过渡：家长的陪伴是孩子健康成长过程中非常重要的环节之一，缺少它，危害重重；意识到它的重要性，并能付诸实践，就会收获一份融洽的亲子关系。

 孩子的文字最真诚，最能触动父母。家长欣赏照片、阅读孩子的作文，能感受孩子内心最真实的想法。出示缺少陪伴带来危害的PPT，能让家长体悟陪伴对于孩子成长的重要性。

第三环节　贡献智慧

1. 翻转结局

师：现在，大家一定意识到陪伴孩子的重要性了。您是不是暗下决心，一定要在今后的日子里多多陪伴孩子呢？现在我们先热个身，家长来改变刚才图片上欠妥当的行为。家长说，孩子听，直到孩子点头满意为止。

预设：

（1）我是图片一中的妈妈，我一定专注陪孩子写作业，观察孩子写作业时的表现，解题思路对不对，运算能力过不过关，单词语法记忆是否牢靠，在孩子写完作业后与孩子沟通，帮助孩子进步。

（2）我是图片二中的爸爸，我一定推掉所有的应酬，兑现我给孩子许下的诺言，陪孩子在欢乐谷里玩个痛快。

（3）我是图片三中的爸爸，我一定关掉电视协助孩子完成学习任务，毕竟球赛还有重播。

（4）我是图片四中的爸爸，我一定和孩子一起挑选研学工具，一起庆祝比赛成功，一起分析考试失利的原因，关注孩子日常学习语文的状态。

师： 总之，我们要肯为孩子付出时间、金钱、精力、心思等。心在哪，收获就在哪。

2. 提炼要点

师： 我们是否可以尝试从上述案例中提炼出亲子陪伴要注意哪些问题？给大家5分钟时间思考，家长、孩子一起思考。

预设：

（1）我觉得图片一、图片三告诉我们得舍得放下自己的事情，肯为陪伴孩子花时间，提高陪伴的效率。

（2）图片四告诉我们陪伴孩子得花心思。

（3）陪伴就是我们付出，让孩子的心有依恋处，有安全感，让他幸福，干什么事情都有力量。

师： 大家提炼得真好，除了大家总结的以外，我也总结了一些陪伴要点，我们一起来看——（PPT出示）

陪伴要点：（1）专注投入。（2）花费心思。（3）付出时间。（4）真诚平等。（5）支持赋能。（6）愿意倾听。（7）奠基进步。

过渡：同样的情节，不同的处理方式，结局迥然不同，希望我们都能扮演好父母的角色，在父母的岗位上尽职尽责。

设计
意图 通过翻转结局，提炼要点，让家长感受到只有用心关注、陪伴孩子的成长，孩子才能健康快乐。

第四环节　写下期盼

1. 绘制陪伴树

师：好多心理学家都把人比喻成大树，我们今天也来以树喻人。画一棵大树，要包含三个要素：树冠、树干、树根。家长思考希望孩子成为一个什么样的人，提取几个关键词或用语句描述，把思考结果写到树冠里；孩子思考父母给你怎样的陪伴可以为你的成长提供能量，提取关键词或用语句描述，将思考结果填到树根的位置；亲子共同思考、讨论怎样把树根提供的能量转化为树干的内容，提取关键词或用语句描述，把思考答案写到树干的位置。（PPT 出示）

树冠——你理想中孩子的样子（提炼后描述）。

树干——怎样转化树根的"营养"到树冠（提炼后描述）。

树根——父母能为孩子做什么（提炼后描述）。

预设：

树冠内容：自律、上进、懂事、优秀、爱干净、孝顺……

树干内容：感受爱，然后爱自己；有支持，更大胆、自律地做事……

树根内容：一起做我愿意做的事情；专心陪我，不做别的事情……

2. 装饰陪伴树

师：我转了一圈，看见大家的陪伴树绘制得差不多了，我们现在需要做的就是对它进行装点。

（1）长出树叶，挂上笑脸。在家长会前，让大家准备了一些亲子照（或者大头贴），大家可以给陪伴树画上叶子，贴上象征幸福的亲子照（或者大头贴）。

（2）装扮环境。我们还为大家提供了彩笔，请给大树涂色，或者装扮大树周围的环境。

设计意图 在看到问题、感受危机、找到方法之后，教师设计了写下期盼的环节，目的是让与会者把今日的情感体悟物化成文字，让这些物证在今后的生活中时刻提醒彼此：我们需要彼此的陪伴，我们渴求彼此的陪伴。

会议总结

我们用丰富而又多样的方式让家长体悟到陪伴的重要性；我们用专业的讲解分享了缺少陪伴的危险，明晰了日常陪伴的要点。希望在以后的时光里大家可以用更好的方法陪伴彼此，然后一同成长，共享更和谐的家庭氛围。

会议延展

（1）亲子共同阅读作文，一起交流阅读感受。

（2）推荐阅读的书籍：《陪伴式成长：和孩子一起成为更好的自己》《亲子滋养：让孩子活出最好的样子》《陪伴式成长：如何赢得孩子的心》《犹太人的教子经》。

（内蒙古自治区乌海市第四中学　李亚青）

05.

书香家庭：
书香是家庭最亮的名片

│ 背景分析 │

2023 年 4 月 20 日，全国妇联等五部门联合印发《关于开展"书香飘万家"全国家庭亲子阅读行动的实施意见》，要求"各地各相关部门要加强家庭亲子阅读指导服务，培育亲子阅读书香家庭典型……助力全民阅读从家庭做起"。为贯彻落实该意见，学校倡议各班树立书香家庭典范，指导亲子阅读，争创书香家庭，打造家庭书香名片。初一是中学起始阶段，70% 以上的学生阅读量达不到国家规定的标准。为了加强学生课外阅读，落实学校亲子阅读的号召，积极创建书香家庭，特召开以"书香是家庭最亮的名片"为主题的家长会。

本次家长会召开时间是初一下学期开学初，参会人员是学生和家长。

│ 会议目标 │

目标	家长	学生
知识层面	了解创建书香家庭攻略：1 个书柜 + 购书 100 本 + 每天阅读 20 分钟 + 每周共读一次。	了解创建书香名片秘籍：有书—读书—爱读书—读好书—善读书。

目标	家长	学生
能力层面	学会亲子阅读，培养亲子阅读习惯。	学会课外阅读，提高课外阅读能力。
态度层面	乐意参与亲子共读，争当书香家庭典型。	乐意和家长共读，打造书香名片。

会议准备

1. 材料准备

共读文章、推荐书单、彩笔、卡纸、颜料、读书卡和图书漂流卡等。

2. 环境准备

有条件的可选学校阅览室，没有条件的可在教室安排亲子座位。（注意将亲子阅读榜样家庭分在不同小组，便于小组交流分享。）

3. 其他准备

（1）设计"书香飘万家，阅启新征程"和"书香是家庭最亮的名片"海报，发布到家长群里。

（2）请家长和孩子各带一本自己最喜欢的书参会。

（3）制作微电影《书香人家》。

会议过程

师：尊敬的家长朋友们，亲爱的孩子们，大家好！我校为贯彻落实《关于开展"书香飘万家"全国家庭亲子阅读行动的实施意见》，在全校范围内开展"书香飘万家，阅启新征程"主题活动。在全校评比中，我们班以绝对优势获得了"书香班级"称号。"书香班级"成了我们班最亮的一张名片。今天召开这次家长会，向大家作一个汇报，同时也倡议我们班所有家长一起践行亲子阅读，积极创建书香家庭，让书香成为我们家庭最亮的名片。

师：首先，请欣赏"书香少年"带来的诗歌朗诵《繁星·春水》。

（PPT出示冰心《繁星·春水》诗歌节选，播放背景音乐《渔舟唱晚》。）

过渡：在孩子的朗诵中，"繁星篇"让我们感受到童年的美好，"父爱篇"让我们感受到父爱的深邃，"母爱篇"让我们感受到母爱的博大，"哲理篇"给我们思想的启迪。文字带给我们无限的遐想，更给我们美的享受，书香浸润的生命魅力无穷。下面，请大家一起欣赏微电影《书香人家》。

<h3 style="text-align:center">第一环节 人家的书香——看"名片"</h3>

活动一：赏书香"名片"

（PPT播放微电影《书香人家》）

预设：孩子们观看微电影，发现学习成绩好的同学，家里书多，爱读书，很佩服。家长观看后很震惊，难怪别人家的孩子学习好，他们的家长经常陪孩子一起读书，自己有点惭愧。

师：微电影《书香人家》所展示的是我们学校三个年级优秀学生书香家庭的书香故事，看完之后，大家有何感想？一起说说吧。

活动二：交流分享

（1）小组交流。

①欣赏完微电影《书香人家》，你有什么感受？有什么想法？

预设：吃惊、羡慕、震撼等，很多家长也想创建书香家庭。

②对照《书香人家》展示的情况，思考一下我们创建书香家庭缺少什么，写在事前准备的卡纸上。

预设：羡慕"人家书香"培育出"书香娃"。家长也想打造自己的"书香屋"。

（2）展示分享。

一组家长：《书香人家》展示的家里都有很多藏书，我家没有一本课外书，难怪孩子不会写作文，孩子根本没有读过课外书。

二组孩子：我看的课外书大多是漫画一类的，只是觉得好玩，喜欢看图画。我的阅读能力一直不太好，看来还是读文字的书太少了。

三组家长：我家有很多课外书，但缺少适合孩子看的课外书，更没有经典书籍。孩子的课外阅读没有计划，也没有坚持长期读书。以后会让孩子加强课外阅读。

四组家长：我家的课外读物比较多，孩子也爱读书，但我们家长从来没有和孩子一起共读过。以后，我们要和孩子一起共读，努力创建书香家庭。

预设：大家坦诚交流，积极说出自己的想法，询问如何买书，买什么书好。很多家长意识到自己少买一件衣服，或者是少抽一包烟，少打一圈牌，一年省的钱足够买一个书柜和100本课外书。准备创建"书香家庭"。

过渡：从大家的交流分享中，我发觉大家都意识到孩子读书的重要性。是的，拼爹拼妈，不如拼书香。书香才是孩子最好的起点，书香更是孩子成长的"催化剂"。"腹有诗书气自华，家有书香娃志佳。"书香才是一个家庭最亮的名片。家里有书，还要读书，更重要的是亲子共读。亲子共读是最经济又最高级的亲子活动，也是最好的陪伴。接下来让我们一起欣赏我们班书香家庭的做法吧。

设计意图 班主任提前走访学校三个不同年级书香家庭典范，了解优秀学生的课外阅读情况，录制视频，制作微电影《书香人家》。微电影重点展示三个方面。一是书香家庭硬件设施：有书房、书柜、书刊；二是书香家庭浓厚的书香氛围：家里随处都有书，随手都可拿到书，随时都可以读书；三是书香家庭亲子共读必不可少。通过优秀书香家庭的展示，激发不够重视读书的家庭，积极创建书香家庭。

第二环节　咱家的书香——秀"名片"

活动一：三代共开读书会

师：现在，有很多孩子的爸爸妈妈在外务工，平时都是爷爷奶奶陪伴，老人不常读书，但会给孩子讲故事。我们班的龙龙爷爷经常给孙辈讲名人名家读书的故事，激励孙辈读书。为参加今天的家长会，龙龙妈妈也特地从外地赶回来。下面请欣赏龙龙一家三代给我们带来的读书故事。（PPT 出示苏轼、毕淑敏和俞敏洪读书的经典语句等）

（1）爷爷讲苏轼"发奋识遍天下字，立志读尽人间书"的故事。

预设：爷爷年纪大，为了带好"隔代娃"，讲读书的故事激励孙辈读书。

（2）妈妈讲毕淑敏《读书才是最好的美容》。

预设：妈妈们意识到"内在美"的重要性，准备读点书，提升自己的内在美。

（3）龙龙讲俞敏洪《藏书不到 500 本别说你爱书》。

预设：孩子们发现自己的同伴读了很多书，感觉好厉害！自己也想要买书读，期待下一次的家长会也好好表现一下！

师：为了孩子的成长，作为家长一定要舍得买书。你家的书柜里藏着孩子的未来，书香是孩子成长最好的底色。古今中外，凡有所成就者大都热爱读书，并且广泛阅读。孩子从小就养成爱读书的好习惯，一生受益。爱读书的孩子全身都充满了浓浓的书香味。要想让孩子爱上读书，家长要作好榜样，更要和孩子一起读书。

过渡：下面请欣赏我们班淑雅家的亲子共读吧。

活动二：亲子共读一本书

（1）亲子共读：杨绛《我们仨》节选。

预设：一家人读书的氛围很融洽，家庭和谐，大家投以羡慕的眼神。

（2）淑雅妈妈分享亲子共读方法。

第一，共读常态。每天除了完成作业，陪孩子一起读书不少于 20 分钟。每天坚持读，让阅读日常化，慢慢地就养成了习惯。一般选择晚上 8:20—8:40 共读，孩子的作业完成了，大人的活动也该结束了。同时，睡前读书有利于记忆，也有利于放松心情。

第二，共读共想。为了更好地激发孩子的阅读兴趣，亲子共读的书目一般由孩子选择，共读多了，大家会有相同的志趣，选择的书目就会不谋而合。如果遇到大家都喜欢的文字，就一起齐读，有的还可以选择分角色朗读。读完之后，可以谈感受、写感想。

第三，亲子共享。如果有哪本好书被拍成了电影，我们全家就会一起观看。反之，看的好电影，我们会带领孩子到书店或网上找与电影同名的书，买回来一起看。电影中鲜活的形象会在孩子的脑海中变成生动的文字，等到孩子写作文时，就知道如何用文字描绘，使文章写得更生动。淑雅的作文经常被语文老师，甚至是其他班级的语文老师当作范文读给同学们听。这样，更激发了孩子阅读和写作的兴趣，学习也越来越好。我们一家有一个共同的爱好，就是读书。也期待更多的家长陪孩子一起读书，共享美好时光。

预设：家长很佩服。家有"书霸儿"，必有"好书妈"，咱也加油吧。

（3）淑雅爸爸分享亲子共读的感受。

我们经常陪孩子一起读书，周末或节假日，我们一家四口出去游玩，也会不约而同地带上一本自己喜欢的书，在公园、在小溪边、在田野，留下我们一家读书的身影，这些都会成为孩子最美的记忆，也经常出现在孩子的作文中。被书香浸润的童年，充满了无限的潜能，能唤醒孩子内心的力量。从小学到中学，我们从不担心孩子的学习，只关心孩子每天读了什么书。陪娃读书就是最好的教育。

预设：家长很震撼。家有"书霸儿"，有"好书妈"，还有"陪读爸"，一起努力学习吧。

师：莎士比亚说"书籍是全世界的营养品"。我们要永远相信阅读的力量。孩子成绩好时需要阅读，孩子成绩不理想时更需要阅读。阅读能帮助孩子形成良好的学习力，爱读书的孩子更阳光、自信，不容易产生低落情绪。

过渡：下面，让我们全班来一个才艺秀，展示一下各家的书香底蕴吧。

活动三：齐家共演才艺秀

活动说明：必须是全家参与，亲子共演。与书有关的健康、积极向上的活动，形式不限。如诗词接龙、"飞花令"、故事会、情景剧，还可以是琴棋书画等。通过投票方式，选出最佳组合，授予"书香家庭"称号。

一组家庭："飞花令"或诗词接龙。

二组家庭：亲子表演情景剧（最好提前准备）。

三组家庭：琴棋书画展，最好是现场写字、绘画等。

预设：在教师的调动下，家长和学生都很放松，也积极参与活动。假如有家庭实在觉得没才艺，就拿出自带的书，现场来一段亲子共读。

过渡：爱因斯坦说："阅读是孩子最珍贵的宝藏。"阅读更需要环境和土壤，每天都抽出 20 分钟陪孩子阅读，积极创建书香家庭，让书香成为你家最亮的名片，我相信每一个孩子的学习都不用愁。让我们都来创建书香名片吧。

设计意图　通过"三代共开读书会"，告诉家长，爷爷奶奶（姥姥姥爷）同样可以用故事浸润书香。通过"亲子共读一本书"，让家长感觉到亲子共读如此美好，亲子共读是最经济又最高级的亲子陪伴。通过"齐家共演才艺秀"，让家长和孩子一起表演一个和书有关的节目，现场进行亲子活动，激励家长学会"书香陪伴"。

第三环节　大家的书香——创"名片"

活动一：全班大研讨——畅谈书香名片

（PPT 出示）

书香家庭长什么样？

（1）亲子讨论：如何让我家溢满书香，打造书香名片？并写在纸上。

（2）家庭代表谈想法。

一组家庭：添置书柜，购买课外读物，给家里营造书香氛围，让孩子随手都能拿到书。

二组家庭：制订读书计划，确定好每天课外读书的时间，选好亲子共读的时间。每周不少于一次。

三组家庭：选好亲子共读的书目，确定好亲子共读时间，并做好家庭读书记录。录制亲子共读视频，做好创建书香家庭的资料收集，给孩子留下最珍贵的"书香印记"。

四组家庭："微信阅读"不能替代读书。家长作好表率，回家后不玩手机，陪孩子一起读书半小时。

活动二：家庭总动员——设计书香名片

（1）亲子合作，设计书香名片。（PPT 出示）

用事先准备好的卡纸、剪刀和彩笔等设计书香名片。家长和孩子一起动手设计、制作书香名片，为自己的书香家庭设计一个 logo，并说明创意。

（2）每组推选出三张书香名片分享展示。

（3）全班投票评选出三张最美书香名片和最佳创意奖。

预设：家长和孩子一起动手设计、制作书香名片，孩子的表现欲都很强，教师引导家长学会发现孩子的闪光点，尤其是平时在学习上不被家长看好的孩子。同时，教师也要观察有困难的家庭，可以适当指导。这个场面一定是热闹的、开心的。

过渡：我期待大朋友和小朋友们都积极响应党和国家的号召，"爱读书、读好书、善读书"。让我们一起创建书香家庭，打造家庭书香名片，共同缔造美好的"书香社会"。

活动三：向未来——共话书香社会

（PPT 出示）

打造书香名片，创建"书香社会"，一起向未来，你准备好了吗？

（1）颁奖。颁发最美书香名片奖和书香家庭 logo 最佳创意奖。获奖家庭全家上台领奖，并拍一张领奖全家福纪念照。

预设： 获奖的家庭特别开心，没有获奖的家庭很羡慕，争取下次获奖。期待书香活动持续开展，争当"书香少年""书香老爸""书香老妈""书香世家"等，亮出自家的书香名片。

（2）班级小记者微采访。

①参加这次家长会最大的收获是什么？你学会了什么？你准备如何创建书香家庭？怎样打造自家的书香名片？

②"书香飘万家，阅启新征程"，推动"全民阅读"你能做什么？

预设： 微采访，场面热烈，家长、孩子都有话想说。

设计意图 让家长和孩子一起设计、制作书香名片，既是书香活动实践，也是亲子活动体验，对于留守儿童来说，更是一次难得的亲情陪伴。在设计制作的过程中，让家长看到孩子"不一样"的精彩，引导家长关注孩子的全面发展，多发现孩子的闪光点，学会激励和唤醒孩子的潜能，成全孩子、成全家庭、成全社会。

| 会议总结 |

让书香流淌在孩子的血液里、骨髓里，透露出孩子被书香浸润卓尔不群的表现，是一个家庭最亮的名片。被书香浸润的少年，必将为幸福的人生打底。

从展示交流中，我们不难发现，创建书香家庭并不难。买一个书柜，每年给孩子买几十本课外书，有困难吗？书买回来，家长要作好榜样示范，每天陪孩子一起阅读 20 分钟，可以做到吗？让家成为舞台，每一个家庭成员既是演员，又是观众，大家共读共演，其乐融融，一定是书香家庭最美的模样。心动不如行动，回家就行动吧！

| 会议延展 |

（1）孩子撰写"书香家庭创建日志"。记录购买书柜、书籍的时间和数量，记录家人每天读书的时间、内容和感想，月末汇报总结，把相关内容的图片、亲子共读视频、家庭书香味等记录好，寻找自家"书香名片"元素。

（2）学期末开展一次"书香少年""书香老爸""书香老妈"等评比活动。

（3）让读书成为生命的常态。养成随身携带一本书，随时随地读书的好习惯，引领和带动更多的人"爱读书、读好书、善读书"。

（4）倡议孩子填写读书卡，家长填写家庭图书漂流卡。让全班图书"漂"起来，营造良好的读书氛围，助推"全民阅读"。

（河南省信阳市息县教师发展中心　黄文敏）

06.

生命安全：
每一个生命都值得被热爱

| 背景分析 |

教育部印发的《生命安全与健康教育进中小学课程教材指南》明确指出，"将生命安全与健康教育全面融入中小学课程教材"。各级教育部门始终将学生的生命安全放在第一位。初一学生正处于身心发展的关键期，身体发展日渐成熟，心理发展具有半成熟、半幼稚的过渡特点。由于安全意识不足、行为不规范等，在遭遇溺水、交通安全、火灾等意外事故时，他们往往不能妥善处理，生命健康存在潜在威胁。教师和家长有必要引导学生从根本上认识到生命安全的重要性，树立正确的生命观，促进身心健康发展。

本次家长会召开时间是初一下学期10月，参会人员是学生和家长。

| 会议目标 |

目标	家长	学生
知识层面	了解孩子面临的安全问题，掌握必要的避险常识。	了解威胁自身安全的因素，掌握必要的避险常识。
能力层面	增强自身安全防范意识和避险能力，能采取恰当的行动引导孩子正确规避危险。	能在父母、老师的帮助下，增强安全防范意识，采取恰当的行动规避危险。

目标	家长	学生
态度层面	能以理性的态度对待安全问题，守护孩子的生命健康。	珍爱生命，树立健康的生命观。

| 会议准备 |

1. 材料准备

白纸、笔、磁贴、装米的袋子、大米若干斤等。

2. 环境准备

布置教室前后主题板报。教室内椅子呈"回"字形摆放，亲子并排坐，腾出中间空地。

3. 其他准备

（1）准备背景音乐：舒缓的轻音乐、歌曲《关爱生命》。

（2）提前排练安全情景剧。

（3）提前在黑板上板书"安全小清单"。

（4）准备学生笑脸照片快闪、交通安全标志牌图片。

（5）体育委员提前熟悉抽筋处理的方法，能进行现场指导。

（6）学生分为三组，分别收集溺水、交通事故、火灾三大安全案例。

| 会议过程 |

师：（播放舒缓的背景音乐）各位家长朋友、同学们，大家好！三毛曾在《稻草人手记》中写道："每个人的身边都有两个可爱的守护天使，一直默默地为他们守护着的孩子遮风挡雨，不求回报。他们的翅膀不是用来飞翔，仅仅是用来遮挡风霜，因为一直保持这样的姿势，直至孩子离开了他们的羽翼，他们的翅膀已经僵住了，无法再收起来。"同学们，你们知道这两个守护天使是谁吗？

预设： 学生齐声回答"父母"。

师： 今天我们很荣幸地邀请到了同学们的父母，一起参加"每一个生命都值得被热爱"主题家长会。我谨代表咱们班对各位家长的到来表示热烈的欢迎！

第一环节 感悟生命——我是守护者

师： 我们每个人都是被父母带到这个世界上来的。十月怀胎，十月孕育，在这个过程中，妈妈们不仅要承受身体上的各种不适，比如孕吐、身体酸痛、行动不便等，还要承受巨大的心理压力。这个过程有多艰辛呢？我们今天不妨来体验一下！请各位爸爸踊跃报名，一起参加"孕动汇"！

1. 爱的初体验

（1）活动形式。

将米袋系在爸爸们的肚子上，让他们按要求完成指定动作，最快到达终点者获胜。孩子和妈妈在一旁为爸爸加油。

（2）活动内容。

①弯腰捡东西（要求爸爸在保护米袋不掉落、不随意晃动的前提下，从起点出发，弯腰捡东西并折返）。

②负重练习（要求系着米袋的爸爸完成触脚尖、单腿站立、仰卧起坐等规定动作）。

③穿越障碍物（就地取材，将教室的簸箕、扫帚、课桌等设置为障碍物，要求爸爸在保证米袋平稳的条件下，按照指定路线穿越障碍物，到达终点）。

（3）活动反馈。

采访一位参与活动的爸爸：您在系着米袋完成这一系列的动作后，

有何感想？

　　预设：很累，在负重情况下行动起来很不容易。

　　采访一个为爸爸加油的孩子：当你看到爸爸艰难地完成比赛时，你的感受是什么？

　　预设：爸爸完成得很吃力，很辛苦。

　　师：其实这个重重的"米袋子"，也曾经挂在在场的每一位妈妈身上。妈妈们每天要克服身体上的种种不适和心理上的巨大压力负重前行。女子本弱，为母则刚。十月怀胎，一朝分娩。在这一过程中，她们完成了女孩到妈妈的蜕变，我们来看看她们经历了什么。

2. 爱的凝聚

　　观看视频了解生命诞生的过程。

　　师：通过刚才的"孕动汇"和短视频，我们了解到一个新生命来到这世上有多么不容易。爸爸妈妈是孩子的守护天使，其实孩子也是爸爸妈妈的小天使。小天使们，请不要压抑你们的情感，大胆地用自己的方式表达对父母的爱意吧！

3. 爱的表达

　　学生用自己喜欢的方式表达对父母的感激之情，可以给父母一个爱的抱抱，表达一句真诚的感谢，也可以回家后给父母写一封感谢信。

　　师：感谢同学们爱的表达。其实，我们的生命不仅属于我们自己，也属于我们的父母，属于那些爱我们和我们所爱的人。希望通过本次活动，每位家长都能在感受到生命珍贵的同时，成为孩子生命安全的守护者。

 设计意图 让父母、孩子在活动中体验生命诞生的不易，进而转化为对生命的珍视。让父母乐意成为孩子生命安全的守护者。

第二环节　珍爱生命——我是安全员

师：生命何其美好，却又何其脆弱。殊不知好多危及生命安全的事件，就发生在你我周围。请看同学们收集到的案例。

1. 安全案例齐观看
（PPT 出示）

2023 年 7 月 21 日，四川乐山 13 岁的学生徐××驾驶电动自行车，后座载着 6 岁的妹妹，在急转弯时与彭××驾驶的电动自行车相撞，导致彭××倒地，被汽车碾压死亡。

2023 年 9 月 17 日，广东省湛江市东海岛东简镇龙腾村一水塘发生落水事件。4 名儿童溺亡，年龄均不足 10 岁。当地居民推测是因为其中一个孩子不慎落水，其他孩子下水营救时也掉了进去。

2020 年 9 月 17 日，湖北江夏一中一名学生在教学楼楼道被其母训诫，挨了两耳光。随即母亲离开，该学生默立两分钟后跳楼身亡。

2020 年 12 月 22 日，湖南长沙一女生宿舍突发火灾。调查得知，21 日晚因有人违规使用大功率电器导致跳闸断电。次日，有学生将未断电的吹风机放在棉被上后离开，引发了火灾。

师：看完上述案例，大家是什么样的心情？
预设：沉重、悲痛、惋惜。
（PPT 出示）

当同伴在_____时，你却结束了自己年轻的生命。当父母在_____时，你却结束了自己年轻的生命。

师：我想采访现场的同学和家长，你们想在横线处填上什么呢？

预设：教室读书、准备年夜饭……

师：此时此刻你的心情怎样？

采访几位同学。

预设：生命对我们每个人来说只有一次，我们要珍惜父母赐予我们的宝贵的生命，学会爱惜自己。

采访几位家长。

预设：生命美好而又短暂，我们要守护生命，关注孩子的身心健康发展，呵护每一个孩子健康成长。

2. 安全隐患共关注

师：不知道我们的家长朋友和同学们有没有亲身经历过这些安全事故，或者你还发现了身边有哪些威胁我们生命安全的事情呢？

预设：部分初中同学骑电动自行车上路。上下学路上有学生跨越护栏。个别同学不能妥善处理与父母、老师、同学之间的关系，产生了伤害自己的念头。有同学将萝卜刀带到学校，玩起了"刺杀"游戏。

3. 安全意识大家谈

师：生命来之不易，历经磨难，开出了娇艳的花，却又正如花朵一般美好且脆弱。那么，为什么会存在这些威胁我们安全的隐患乃至事故呢？

预设：学生的安全意识不足、避险能力不够，学生抗压能力较弱，家长监管不力，家长没有及时关注孩子的情绪……

师：在座的各位家长，作为守护孩子生命健康的"安全员"，我们该如何引导孩子降低甚至避开上述风险呢？

预设：

（1）教育孩子远离危险区域。不私自下河、下塘游泳、嬉戏。

（2）引导孩子遇事积极沟通，合理表达自己的诉求，懂得排解自己的消极情绪。必要时请求父母、老师等帮助。

（3）强化孩子的安全防范意识，注意用水、用电、用气等的安全，掌握必要的消防安全知识。

（4）在生活中锻炼孩子的抗压能力，教育孩子保持积极健康的心态。让孩子意识到学习不是生活的全部。家长还可以和孩子共同学习，查缺补漏。

过渡： 这些都是真实发生过的安全事故，可能时间上、距离上离我们比较远，我们不能完全感同身受。如果有一天，它就发生在我们自己或者周围人的身上，我们该如何肩负起保护生命安全的责任呢？请欣赏由同学们带来的安全情景剧表演，欢迎各位家长支支招！

 设计意图 让家长了解学生现阶段面临的压力和危险，意识到保护生命安全的重要性，教导孩子不做危害生命安全的事。

第三环节　呵护生命——我是责任人

溺水、交通事故、火灾是造成中小学生意外伤亡的"三大杀手"。学生将围绕三大安全主题，表演事先排练好的情景剧。家长和孩子观看后，讨论应对措施，完成"安全小清单"（如下表所示）。

安全主题	应对措施	预防措施	防范能力
预防溺水			
交通安全			
预防火灾			

讨论形式：将家长和学生分为 3 个小组，讨论安全主题的应对措施，将本组讨论的结果写在白纸上；家长大声读出本组的讨论结果，其他组补充；将完善后的答案贴在黑板上，教师总结。

1. 预防溺水

情景剧： 暑期一群孩子相约去江边游泳。A 被卷入深水旋涡，大声呼喊

"救命"，B 见状着急地想去拉 A，由于动作太猛，自己的腿开始抽筋。

师： 遇到溺水问题，我们该如何应对呢？请家长和同学们讨论一下，并将讨论结果写在"安全小清单"上。

预设：

应对措施：

（1）在游泳中如果突然觉得身体不适，要立即上岸休息或呼救。

（2）在游泳的过程中，若脚部抽筋，可按摩、拉伸抽筋部位，或用力蹬腿、做跳跃动作，同时寻求救助。

（3）如遇溺水者，可抛出救生圈、竹竿等，再将其营救至岸边。

（4）未成年人如遇有人溺水，应寻求成年人的帮助，不能贸然下水营救。

预防措施：

（1）家长须加强对子女的监督，孩子外出时做到"四知"（知内容、知去向、知同伴、知归时）。

（2）教育孩子不要私自到河塘堤坝边游泳。

加强防范能力：

（1）加强安全意识。未成年人要在成人的带领下去正规游泳馆游泳。

（2）清楚自己的水性。不在急流和漩涡处游泳。

（3）清楚自己的健康状况。下水前应做好热身运动，取下牙套或者假牙，以防卡入食道或气管。

师： 大家一定要记得，在进行游泳等运动之前作好充分的热身准备。想必坐了一会儿大家也累了，不妨跟随体育委员一起动起来。

（PPT 出示抽筋处理的方法。体育委员现场示范，随机选 5 组家庭成员一起完成。）

过渡： 感谢同学们的精彩展示，也请家长们提醒孩子珍爱生命，远离危险水域。除此之外，交通安全也是不容忽视的话题。

2. 交通安全

情景剧： 学生 C 为了早上能多睡一会儿，经常骑小黄车上学，有时候还会捎带自己的同学。不仅不戴安全帽，还与机动车抢道，险些酿成交通事故。

师：家长们是否清楚孩子上下学的方式呢？作为守护孩子生命健康的责任人，如何引导孩子避免此类安全事故的发生？请家长和孩子讨论讨论，并将讨论结果写在"安全小清单"上。

预设：

应对措施：

（1）立即停止危险行动，搭乘私家车、校车、公交车或步行上学。

（2）强化交通安全意识。未满 12 周岁不得骑自行车上路，未满 16 周岁不得骑电动自行车，更不能载人。

（3）如遇交通事故应立即寻求交警的帮助，同时保护好现场。

预防措施：

（1）学生应搭乘校车、公交车、私家车或步行上学。

（2）遵守交通规则，不与机动车辆抢道。

防范能力：遵守交通规则。

师：掌握必备的交通安全知识，才能更好地遵守交通安全规则。我们一起来看看，这些常见的道路交通安全标志牌同学们都认识吗？（PPT 出示交通安全标志牌）

要求学生又快又准地说出交通安全标志牌的含义，得分最高的小组获胜。

过渡：希望同学们认识这些常见的道路交通安全标志牌，出行平安。与我们生活相关的防火意识也不能少。否则，安全事故可能就发生在我们身边。不信你看……

3. 预防火灾

情景剧：天气太冷，学生 D 在寝室里违规使用电热毯，早上忘记关掉就离开了。结果电热丝短路，短时间内温度过高，被子被引燃，冒出大量烟雾，还传来一股发焦的气味，室友们被吓得不知所措。

师：如果你在现场，会如何应对呢？我们又该怎样避免此类安全事故的发生呢？请家长和同学们记录下你们的讨论结果。

预设：

应对措施：

（1）电器燃火后应立即关断电源，关掉电源前，不能用水灭火。

（2）不要揭起床单，以防空气进入，火势加大。

（3）立即寻求生活老师的帮助，及时通知消防人员。

预防措施：

（1）家庭防火：出门前检查好水、电、气的电源是否关闭。使用过程中如发现有糊味、冒烟、冒火花等情况，应停止使用，进行检查。家中预备灭火器等消防器材。

（2）学校防火：不得携带易燃易爆品入校；在老师的监护下，妥善使用实验用的易燃物品；定期进行消防检查；配备消防器材。

（3）公共场所防火：做到不携带烟花爆竹等到公共场所；不玩与火有关的游戏。

防范能力：学会拨打报警电话。

互动活动：现场模拟报火警。

（报警人扮演者：学生；接警人扮演者：家长。）

接警人：你好！119消防救援中心。

报警人：你好，壮志路××校学生宿舍1幢502号房间失火。有大量烟雾冒出，可能是寝室的被子被引燃了。目前没有人被困，请你们速速赶来救火啊！

接警人：好的，我们立即派人到达现场处置！

师总结：

（1）报警时要向消防人员讲清着火地点（具体到门牌号）、着火物品、火势大小、有无人员被困等情况。

（2）告知报警人的联系方式以便联系。

（3）打完电话后最好派专人到路口接洽。

（4）若火情变化，应及时告知消防队，以便调整火警部署。

过渡： 通过以上活动，我们明确了在不同情境下如何保护我们的安全。人生没有彩排，出了差错无法弥补。守护生命安全，每个人都是责任人！

设计意图 观看安全情景剧，讨论总结应对措施、预防措施和防范能力，有利于增强家长和学生的安全防范意识，提高面对危险时的应变能力。

第四环节　感恩生命——我是行动者

师： 感恩父母，赐予了我们宝贵的生命；感恩学校，守护了孩子们灿烂的笑容；感恩生命，让我们体验每一个精彩的瞬间。

1. 守护孩子们的笑脸

（PPT 出示学生的笑脸快闪）

家长观看快闪 PPT，感受学校对孩子们的关注。

2. 关注孩子们的安全

班级通过自荐、推选等形式，选出 2 名家长安全管理员、2 名学生安全管理员，排查学校存在的安全隐患。

工作内容：

（1）在开展工作之前由班主任培训，强调需要注意的安全区域以及可能存在的安全隐患。

（2）安全管理员仔细检查天花板、墙面、楼梯护栏等建筑设施以及教学器械器材。一旦发现安全隐患，立即报告班主任。

（3）建立班级常态安全管理机制。如发现安全隐患，安全管理员立即报告班主任，再由班主任协调相关人员处理，并做好记录。

设计
意图

PPT 闪现学生笑脸的形式，能让家长感受到学校对孩子的关注，从而积极、主动地参与学校安全管理工作。既能调动家长的力量，又能更加高效地完成学校工作。

┃ 会议总结 ┃

亲爱的家长朋友们，每个孩子的健康成长都关系着一个家庭乃至一个家族的幸福。让我们行动起来，做好孩子生命安全的守护者、安全员、责任人、行动者！引导孩子加强安全防范意识，及时规避生活中的安全隐患，用心呵护孩子们健康成长。相信这样一张张可爱的笑脸会绽放在每一个阳光明媚的清晨。活在这珍贵的人间，每一个生命都值得被热爱！

请家长安全管理员和学生安全管理员指挥家长和学生排好队形，有序离场。

┃ 会议延展 ┃

（1）利用问卷星反馈家长的想法。

您孩子的名字：_____

1. 本次家长会，您收获最大的一点是什么？

2. 为了孩子的健康成长，您准备做些什么？

3. 为了孩子的健康成长，您准备引导孩子做什么？

4. 为了孩子的健康成长，您觉得学校或老师还可以提供什么帮助？

5. 您是否愿意成为我班的家长安全宣传员？如果愿意，请填写您方便到校的时间。

（2）定期邀请各行各业的家长到校宣传安全知识。

（重庆市兼善中学蔡家校区　张娜）

07. 劳动教育：
体悟劳动幸福，助力少年成长

| 背景分析 |

随着《义务教育劳动课程标准（2022 年版）》的发布，从 2022 年秋季开始，劳动课正式成为中小学的一门独立课程，中学生劳动教育在学校里如火如荼地开展起来。

初一下学期，同学们在劳动课上表现不错，无论是剪纸、做风筝还是摘番茄，都有模有样。但是仍然有部分同学漠视劳动，对普通劳动者不够尊重，周末布置的"整理与收纳"这一劳动实践作业也完成得不理想。因此，召开劳动教育主题家长会显得十分有必要。

本次家长会召开时间是初一下学期暑假前，参会人员是学生和家长。

| 会议目标 |

目标	家长	学生
知识层面	了解初中阶段孩子应知应会的劳动内容，明确家长的劳动教育责任。	知悉初中阶段应知应会的劳动内容，理解劳动光荣的观念。
能力层面	能运用适当的方法帮助孩子掌握家庭劳动技能，督促孩子完成相应的劳动任务。	能掌握初中阶段应该掌握的家庭劳动内容，能够承担一定的家庭日常劳动。

目标	家长	学生
态度层面	积极配合学校在家里对孩子实施劳动教育。	认同劳动创造美好生活的观点，主动承担劳动任务，愿意培养良好的劳动品质。

会议准备

1. 材料准备

打印劳动教育中初中生家长和学生应知应会的内容，请家长和学生自学。准备照片、音乐、奖品，以及歌颂劳动或劳动者的诗歌等。

2. 环境准备

选择合适的阶梯教室。每名学生至少有一位家长陪同，以小组为单位就座。

3. 其他准备

（1）利用班级微信群和校讯通向家长发出邀请，培训引导员带领家长到阶梯教室。

（2）在阶梯教室摆放好绿植、饮水机等。

（3）招募学生志愿者，帮助进行现场采访、收取材料。

（4）进行问卷调查，具体如下：

各位家长，请拿出手机，扫描问卷星二维码，我们将对家长朋友关于劳动教育的了解情况进行一个调查，请按照真实情况填写。本问卷不署名，对您本人及孩子不会产生任何影响。感谢家长们的支持与配合。

1.您是否了解国家出台的劳动教育相关政策？

A.非常了解　　B.了解一点　　C.没听说过

2. 您是否支持学校开设劳动教育课程？

A. 不支持，认为耽误学习时间

B. 支持，并会主动帮助老师组织相关劳动教育活动

C. 无所谓

3. 您最希望学校开展的劳动教育形式是（　　　）。

A. 以知识为主的老师讲课　　B. 以活动为主的动手实践

C. 理论知识和动手实践相结合　　D. 其他

4. 您和孩子参加过学校组织的哪些劳动教育活动？（　　　）

A. 值日，打扫班级及校园卫生　　B. 学校绿植的种植或修剪

C. 劳动教育的主题班会及相关学术报告　　D. 学校社团组织的相关劳动

E. 在校外劳动实践基地劳动　　F. 在校内劳动实践基地劳动

G. 学校布置的帮父母分担家务的作业

5. 学校组织大扫除，您会教育孩子好好干吗？（　　　）

A. 经常教育　　B. 很少说　　C. 无所谓　　D. 不让干

6. 您是否教育过孩子要尊重他人的劳动成果？（　　　）

A. 是　　B. 否

7. 您家孩子通常在什么情况下会去做家务？（　　　）

A. 父母长辈或老师要求　　B. 自愿　　C. 完成家务会得到某种回报时

8. 您是否在孩子做家务时注重对其进行指导？（　　　）

A. 每次都是　　B. 有时是　　C. 偶尔是　　D. 从来没有

9. 您家孩子做过的家务活动有（　　　）。（多选）

A. 整理床铺　　B. 扫地、拖地　　C. 擦桌子　　D. 做饭刷碗

E. 洗衣服　　F. 整理衣服　　G. 给花草浇水　　H. 照顾弟妹

I. 帮父母做农活　　J. 其他　　K. 都没参加过

10. 您家孩子每天进行家务劳动的时间有多长？（　　　）

A. 0.5 小时以内　　B. 0.5 ～ 1 小时

C. 1 ～ 1.5 小时　　D. 1.5 小时以上

| 会议过程 |

师： 走过了生机盎然的春天，迎来了绚烂蓬勃的夏季。这五彩缤纷的夏承接着春的生机，蕴含着秋的硕果，欢迎各位家长朋友和同学们一起走进教室，赞颂劳动之美，分享劳动之乐，感受劳动之趣。为了让同学们爱劳动、懂劳动、会劳动，今天我们相聚在这里，一起走进"体悟劳动幸福，助力少年成长"主题家长会！

第一环节　展成果——增强劳动教育信心

师： 我们先来看一组照片。［PPT出示学生在学校进行劳动的照片（打扫教室、上劳动教育课等），大个子男生自己扛水、小个子男生自己搬水或两人一起抬水的照片。］

师： 大家看到同学们认认真真地扫地拖地、擦门擦窗、摆放桌椅、布置绿植的场景，看到同学们自己扛一桶水或是两人合抬一桶水的画面有什么想法呢？我来现场采访一下家长们和同学们。（志愿者帮忙传递话筒）

师： ××妈妈，您好！看到孩子小小的个子自己搬一桶水，您有什么感想呢？

预设： 家长会觉得孩子长大了，干活很辛苦，在家舍不得让孩子换水等。

师： ××同学，你好！你参与了家长会教室的布置，有什么感受？

预设： 打扫卫生时确实感到辛苦劳累，但是看到干干净净的教室，心里很高兴；摆放桌椅时尝试了好几种方案，想到和家长一起开家长会，最终选择一组桌子并在一起，板凳围着桌子这种摆法……

师： 从大家的发言中，我们能感觉到同学们长大了，他们有能力承担这样的劳动。他们从劳动中获得认可，通过劳动实践明白幸福生活由劳动创造。有些同学在家里过的是衣来伸手、饭来张口的生活：书包是妈妈收拾，爸爸背到学校的；校服是爷爷找好，奶奶帮忙穿上的……有的家长甚至想到学校帮自家孩子做值日。我们是不是剥夺了同学们"劳动"的权利呢？

师：下面我们再来看一组照片。（PPT出示之前学生进行叠校服比赛的照片）

师：在比赛之前，同学们通过不断练习，最终得出校徽面朝上叠出来的衣服更好看、在衣服里加一块纸板衣服更有型、在叠好的衣服上摆放一枝花更有品位、同学们当模特展示校服更能体现我们的爱校之心等结论。于是我们成立了参赛小组，有同学负责叠校服，有同学负责展示，有同学负责制作标语"我为校服代言"。最终，我们团结一心，拿下了比赛的特等奖。下面我们请参加比赛的同学现场表演一次，大家掌声欢迎！

预设：部分同学表演，其余同学和家长一起观看、拍照、鼓掌。

师：相信家长和我一样惊叹于同学们的表现。由此我们可知：劳动创造美好生活，爱劳动的孩子团结协作能力强，创新意识强。家长和老师要放手让孩子做他们该做的事情，让他们在劳动中获得价值感和幸福感。

设计意图　在家长会开始之前老师作了问卷调查，了解到部分家长认为孩子"没有能力"做好劳动，对孩子独立做事没有信心。请家长和孩子共同展示孩子在校劳动的照片、现场表演叠校服，让家长看到孩子不一样的能力，发现"不一样"的孩子，增强家长鼓励孩子参与劳动的信心。

第二环节　作比较——更新劳动教育观念

师：家长朋友们，过去我们重视"智"的培养，很多人认为劳动就是干体力活，这是对劳动教育错误的认识。劳动教育在培养青少年独立生活能力、勤俭生活作风上有着不可替代的作用。日常生活劳动包括清洁与卫生、整理与收纳、烹饪与营养、家用电器使用与维护等。

师：我们再来看看以下几幅画面。（PPT出示疫情期间上海年轻人的惨状，包括三天烧糊两个锅，哀求群里邻居中午做菜时多做一点，领到的土豆发芽，吃数十天泡面等。）

师： 有人说，父母和子女之间是一场渐行渐远的旅程，孩子最终要离开我们，独自远行。小时候孩子不会做饭，有家长；长大后不会做饭，有外卖。遇到疫情这样的突发状况呢？不会做饭的孩子是不是只能饿着？为孩子长远计，要教会他们必备的劳动技能。劳动是人类生存的基本技能，我们要帮助孩子养成热爱劳动的习惯。

师： 大家请看PPT。（PPT出示疫情期间老师自己在家做饭的照片，包括做槐花窝窝、肉馅饼等。）同样是疫情突发，我被困在家中不能出门，家中没有储备菜，翻翻冰箱，发现还有冷冻槐花和肉馅，立刻想到可以蒸槐花和做馅饼，作为晚餐。我原本想做蒸槐花，无奈忘了控水，不适合蒸食。我随即增加面粉，做成了槐花窝窝。因为解锁了蒸馒头的技能，我信心大增，又从网上搜索馅饼的做法，学习之后立刻实践，成品获得家人的好评。

师： 家长朋友们，同样处于疫情之中，大家通过上述两种情况，能总结出参与日常生活劳动的益处吗？现在请同学们和家长一起讨论一下，5分钟后我们以小组为单位进行发言。

预设： 家长和孩子一起讨论，做记录，举手发言。

师： 通过大家的讨论和发言，我们达成共识：参与日常生活劳动的人更具生存力、创造力和学习力。哈佛大学一项长达20年的研究表明，爱做家务的孩子和不爱做家务的相比，就业率为15:1，收入比后者高20%，而且婚姻生活更幸福。中国教育科学研究院对全国两万个小学生家庭进行的调查也表明，孩子做家务的家庭与不做家务的家庭相比，孩子成绩优秀的比例高了27倍。许多家长觉得孩子"只要好好学习就行"，但心理学研究发现，人在进行体力劳动和体育锻炼时，大脑中氧气最充分。科学正确地处理好日常生活劳动和学习的关系，对提高学习效率有一定帮助。

师总结： 劳动教育既关乎生存，又和一个人的处事方式、学习能力息息相关，极大地影响孩子成年后的生活幸福指数。学校里老师上好劳动课，在家里家长要负责督促孩子完成相应的劳动任务。

通过出示劳动教育缺失带来的不良后果以及劳动教育的优点，帮助家长转变观念，自觉、主动配合学校开展劳动教育。

第三环节　给指导——懂得劳动教育方法

师：家长朋友们，将劳动教育融入日常家庭生活，学生习得的劳动技能才能得到及时的应用和巩固。接下来我们一起探讨如何进行日常劳动教育。

1. 以身示范

（PPT 出示老师在家里教自己孩子做饭的照片和视频，家长在家愉快做家务的照片或视频。）

师：温馨的家庭需要家里的每一位成员共同维护，榜样的力量是无穷的。家长心情愉快地收拾房间、整理衣物、烹饪佳肴，给孩子传递的是"享劳动之乐"这一正面思想。日常生活劳动倾注了我们的情感，孩子会在这种氛围中乐于学习并从事劳动。社会学家蓝佩嘉说：家务劳动是一种"爱的劳动"（labor of love）。它是家庭互动的契机，是家庭沟通的纽带。当劳动从负担变成快乐，孩子能从劳动中享受美好，能培养孩子创造美、发现美、欣赏美的意识。家长在教授孩子从事日常生活劳动的过程中，不仅传授了技能，同时也教给孩子爱、无私、合作、体谅等美德，使家人更加紧密地连接在一起。

2. 使用激励评价

（PPT 出示分享孩子从事日常生活劳动的照片、视频到微信朋友圈或其他网络平台被很多人点赞的截图）

师：大多数情况下，日常生活劳动不需要耗费过多的脑力，是一种简单的重复。能够坚持承担某项日常生活劳动，既可以锻炼我们的意志力，又可以培养我们的责任感。在培养孩子进行日常生活劳动的过程中，正面评价起着很重要的作用。赞美对家长来说可能就是一句话，但是对孩子来说是一种莫大的鼓励。父母经常对孩子的言行给予赞美，有助于建立积极的亲子关系，使彼此更加亲近和信任；可以强化孩子获得成功的情绪体验，激发尝试的兴趣和探索的热情，维持在劳动过程中的积极性、主动性和创造性，获得坚持的力量和希望。

3. 运用工具

（PPT 出示孩子日常生活劳动清单，孩子日常生活劳动习惯训练表，可以兑换的奖品。）

师： 养成劳动习惯和持续提升劳动能力都需要不懈的坚持。为了避免父母的唠叨与说教，我们需要小小工具的加持。我们首先要制作初中阶段孩子能够从事的日常生活劳动表格，完成某项任务便可获得相应的积分。积分是为了帮助孩子达成既定目标，养成好习惯，积分换礼物的意义在于更好地激发孩子们参与日常生活劳动的热情。各种贴纸、小星星、小红花，打对号、画笑脸等都是很好的教育法宝。家长们可以循序渐进地帮助孩子树立一个个目标并逐步完成。达到一定分数，孩子就可以兑换心仪的礼物，可以是一本书、一个玩具、一顿大餐或一场电影、一次游戏时间。这种方法简单明了，有助于培养孩子养成参与日常生活劳动的习惯，提高参与日常家务劳动的主动性、积极性，也帮助孩子体会到劳动之趣。

师总结： 以上是我进行家庭劳动教育时比较常用的几个方法，家长们还有什么奇思妙想，或者有什么经验和大家分享呢？

预设： 家长们在一起讨论，个别家长到前面分享。

 设计意图 通过分享在家里进行日常生活劳动教育的方法与经验，让家长们有方可仿，有路可循，大家集思广益以更好地开展家庭劳动教育。

第四环节　同参与——助力劳动教育提升

师： 通过前面几个环节的学习，相信家长们能够和学校一起开展好劳动教育。现聘请家长担任孩子的日常生活劳动教师，请孩子为家长颁发聘书。

预设：家长们比较激动，接过孩子手中的聘书，与孩子握手或拥抱。

师：初中阶段劳动课程除了要求学生承担一定的家庭清洁、烹饪、居家美化等日常生活劳动，还要求学生适当体验金工、木工、电子、陶艺、布艺等项目的劳动过程。（请家长填写：我最擅长的是＿＿＿＿＿。找到擅长这些劳动的家长，班级将聘请其为劳动实践指导教师，利用暑假开展生产劳动和服务劳动。）

师：家长们、同学们，无论是建国初期、改革开放时期，还是现在，我们国家都有许许多多优秀劳动者，他们从事各行各业的工作，有普通工人，也有大国工匠。这些优秀的劳动者发自内心地认同劳动最光荣、最崇高、最伟大这一道理，他们热爱自己的工作岗位，运用自身体力、智力和掌握的知识与技能埋头钻研、热情创新，给自己的行业带来发展，给人们的生活带来幸福，既实现了个人价值，又为国家作出了贡献。

师：最后请大家欣赏 ×× 同学和家长带来的诗朗诵《致敬劳动者》。

师：他们在平凡的岗位上作出了不平凡的业绩，是我们学习的榜样，是值得我们赞颂的群体！

 **设计意图** 劳动教育是学校、家庭、社区协同实施的，要形成教育合力。聘请家长为日常生活劳动教师和劳动实践指导教师，能让家长切实参与劳动教育，有利于完成劳动任务。吟诵赞美劳动及劳动者的诗歌，进一步培育积极的劳动精神，涵养劳动素养，助力劳动教育提升。

| 会议总结 |

家长朋友们，孩子是父母最珍贵的礼物，是家庭的未来和希望。劳动给每一个人提供全面发展和展现自己体力、脑力、能力的机会。一个人劳动的广度和深度将会极大地丰富其关系的多样性，进而提升其生命的厚度和深度。让我们共同努力，一起加油，让孩子们在劳动中接受锻炼，磨练意志，形成正确的劳动价值观和良好的劳动品质，成长为爱劳动、会劳动，积极、健康、向上的孩子！

会议延展

（1）制订家庭劳动计划，请家长帮助记录，拍摄照片和视频，制作劳动微视频，开学进行评比，评选家庭劳动之星。

（2）请家长指导孩子写劳动日志，制作劳动教育美篇，总结反思自己的劳动收获。

（3）和家长一起，利用暑假开展生产劳动和服务劳动。

（河南省开封市铁路中学　王智慧）

08.

同伴交往：
——— 友好交往，助 Ta 感受人情美

| 背景分析 |

《中小学文明礼仪教育指导纲要》在"交往礼仪"方面提到，中学生需要"掌握拜访接待的基本礼仪，能热情、大方地与他人交往"，要"掌握与异性同学交往的礼仪"，"能宽容、礼让他人"……

孩子升入中学后，常常会出现令家长感到意外、焦虑的现象：情绪冲动惹是生非，个性张扬影响他人，沉默寡言闭塞内心，网上交友不分良莠，异性交往行为过界……这些同伴之间交往不良的现象同样也令班主任倍感担忧。所以，班级围绕"同伴交往"召开家长会，让学生学会友好交往、感受人情美确有必要。

本次家长会召开时间是初一下学期，参会人员是学生和家长。

| 会议目标 |

目标	家长	学生
知识层面	了解孩子在同伴交往中产生的各种困扰，学习引导孩子友好交往的方法策略。	了解同伴交往产生困扰的原因，学习友好交往的方法策略。

目标	家长	学生
能力层面	能运用友好交往的策略，改善孩子的交往状态，提升孩子的交往能力。	增强同伴交往的边界意识，能够正确使用言行有礼、彼此尊重、行为有界等策略，提升与同伴友好交往的能力。
态度层面	以理解和尊重的态度接纳孩子的交友行为；理性看待孩子交往的烦恼，明确引导孩子文明交往是家长的责任。	正确认识和接纳自己在交友方面的不足，并能积极尝试友好交往的策略，改变自己的交往方式，感受友好交往的美好。

｜ 会议准备 ｜

1. 材料准备

水杯、座位姓名签、表演道具、卡片等。

2. 环境准备

录播教室、鱼骨型座位安排、小舞台。

3. 其他准备

（1）学生两人一组，给对方家长设计有特色的邀请函。

（2）邀请学校的心理老师进行微讲座。

（3）组织安排学生引导家长入座，但不指导如何接待引导。

（4）进行问卷调查，具体如下：

各位家长、同学：升入初中，步入新环境，面临着从六年单一熟悉的人群关系，到陌生、复杂、个性多样的人群关系的变化，同学们会有很多不适应。此时，家长都希望自己的孩子能很快适应新环境，与同学相处融洽，愉快地学习和生活，但是又担心孩子在学校不能与同伴好好相处。因此，我们将通过问卷了解孩子在同伴交往方面的问题以及家长在引导孩子同伴交往方面的真实情况，以便切实有效地帮助孩子提升交往能力。请大家如实填写。

我们将郑重承诺，保护大家的隐私，感谢配合。

一、学生部分

1. 现实生活中，我们都会和同龄人交往，但是交往过程未必都是快乐的。那么，你与同学交往不愉快的体验中排在前三的是（　　　）。

A. 被同学打骂　　B. 同学借钱不还，个人物品被拿

C. 被嘲笑，被传闲话　　D. 被嫉妒

E. 被孤立　　F. 交友广泛，惹来太多麻烦

G. 说话总是被同学攻击　　H. 其他_____

2. 你还有其他的交往不愉快的经历吗？请写在横线上。

_____

二、家长部分

【单选题】

1. 小学阶段，关于如何交朋友，您对孩子进行教育引导的频次是怎样的？（　　　）

A. 经常进行　　B. 偶尔教育　　C. 遇到事情才教育　　D. 没有教育

2. 在教育引导孩子如何交往方面，您对自己的评价是（　　　）。

A. 自信不足，担心引导错误

B. 相信自己的教育引导是对的

C. 孩子反感家长说教，不信任家长

D. 关于处理孩子交友问题多听老师建议

E. 不了解孩子的需要，很茫然，遇到时手足无措

F. 其他_____

3. 我们要召开一个关于同伴交往的家长会，您愿意参加吗？（　　　）

A. 很愿意　　B. 愿意　　C. 到时候看有没有时间　　D. 不愿意，不需要

4. 在我们召开的同伴交往的家长会上，您希望获取哪方面的帮助？（　　　）

A. 普及交往知识和方法　　B. 家长如何具体教育引导

C. 个别咨询辅导　　D. 获得老师持续关注　　E. 其他_____

【多选题】

5.日常生活中，您观察到"同伴交往不友好"体现在哪些方面？（　　　）

A.说话不得体　B.行为过界　C.共情能力弱　D.同理心不强

E.过度关注自己　F.其他_____

6.您认为孩子在成长过程中，获取与人交往的知识与技能的途径有哪些？
（　　　）

A.老师的引导教育　B.家长的引导教育

C.学别的小朋友　D.通过书籍和电子设备媒体的宣传

7.作为家长，您怎样看待同伴关系对孩子的影响？（　　　）

A.必然影响孩子身心健康

B.同学关系不重要，老师喜欢才要紧

C.同学关系不太重要，管好学习才是重点

D.与好学生交往很关键，对自己有帮助

E.其他_____

8.作为家长，关于孩子同伴交往的重要性和能力培养，您若有什么建议或者需求，请告诉我们。感谢您的配合和支持！

┃ 会议过程 ┃

第一环节　交往能力初显现

1.初次印象

师： 亲爱的家长朋友们，从你们进入校门开始，就接触到咱们班的同学了，从他们与你们打招呼，带你们进入班级找到座位，这一过程中，你们如何评价孩子们待人接物的表现？

预设：

（1）接待的孩子很有礼貌，表达很清晰，路线引导语表述明白，到了座位上还不忘给我拧开矿泉水瓶盖。

（2）希望胆子再大一些，说话再清楚一些，方向感再明晰一些。

（3）到座位后能够告诉我桌上的东西是什么。

（4）孩子始终面带微笑，让我觉得很温暖。

2. 同类对照

师： 短暂的接待工作，让我们发现孩子们有礼貌、文质彬彬的特点。但我们知道和同龄人的交往不会都如此，那么他们的同伴交往状态是怎样的呢？让我们一起看看网络上同龄人交往的现象。（PPT 出示视频）

视频内容：有的同学非常有礼貌，主动邀约，但被拒绝，很失落；有的同学说话交流带脏字，听者感觉受辱；有的同学把他人物品当作自己的，随意使用；有的同学在镜头里什么话也不说，呆坐着；有的同学一直趴着，不活动；有的同学在别人与他说话时不回应；有的同学背后对其他同学评头论足；有的同学情绪冲动，动手打人……

3. 交流感受

师： 通过视频，我们看到了同龄孩子交往的状态，家长们有何感受呢？邀请几位家长发表看法。

预设：

（1）有的孩子下课就坐在那里，与其他孩子没有互动，死气沉沉的，不像青少年该有的样子。

（2）有的孩子太爱说话，什么事都管，这个也不对，不考虑其他同学的感受，太情绪化，影响同伴关系。

（3）有的女生太闷了，说话声音小小的，感觉不自信、不阳光……

过渡： 通过刚才的三个小环节，家长们感受到在学校里同龄孩子交往是有很多苦恼的，那么造成这些苦恼的原因是什么呢？让我们继续探索。

开场直入情景，让家长切实感受到本阶段学生与人交往的特点。通过视频发现问题，了解孩子同伴关系和家长预期不相符的现状。

第二环节　交往苦恼探根源

师： 观人思己。估计家长此刻心里也有个疑问，咱们班同学在同伴交往方面会有同样的问题吗？让我们看一下会前问卷调查的结果。

1. 问卷反馈
（PPT 出示）

问卷题目：现实生活中，我们都会和同龄人交往，但是交往过程未必都是快乐的。那么，你与同学交往不愉快的体验中排在前三的是（　　　）。

调查结果反馈：说话总是被同学攻击；同学借钱不还，个人物品被拿；被嘲笑，被传闲话。

师： 这份问卷还有家长部分，我们也看一下结果反馈。（PPT 出示）

家长部分调查结果反馈：同伴交往边界模糊；沉默内向类占比大；家长们教育引导不够；对孩子的交往行为偏差不够重视；认为交往教育的主要责任在老师；认识到孩子在同伴交往过程中有很多困惑，认识到同伴交往对孩子的人生意义重大，认可同伴交往的教育引导很有必要。

2. 问题归因
师： 我们知道问题越具体、越聚焦，越容易解决。由以上问卷反馈可以看出咱们班同学在同伴交往方面存在的问题，但产生的原因是什么呢？下面两个问题，请家长和孩子一起讨论，将讨论结果写在卡片上，然后请各组代表展示。（PPT 出示）

学生组：同伴之间产生交往苦恼的原因有哪些？

家长组：看到孩子交往不愉快的现象，我认为原因可能是什么？

预设：

学生组：说话没礼貌，不尊重对方，养成了拿别人东西的习惯，认为同学之间可以随意等。

家长组：言语方式令人不舒服，只强调自己的利益和感受，态度不好，语气强势，不能换位思考，行为习惯不良，认识不够全面，对人有刻板印象等。

过渡： 黄忠敬等老师在《交往能力：中国青少年社会与情感能力测评分报告之五》中的研究结论告诉我们：学生人际交往能力受多方因素影响，其中同伴关系、师生关系、家庭背景、学校教育环境等都是主要因素，所以家校达成共识，指导孩子学会交往，培养孩子交往能力，很有现实必要性。那么，当孩子出现了这方面的个性化问题，该怎么解决呢？让我们进入下一个环节。

设计 意图 通过问卷结果呈现，让家长直面孩子的人际交往问题，讨论原因，引起重视，对下一环节产生期待。

第三环节　交往问题大家解

师： 在这一环节中，我们将聚焦每个孩子，请家长们提出解决交友苦恼的建议。

1. 抽盲盒

下发 A4 纸，请家长与孩子聊一聊，并记录下自己的孩子在交往中的不愉快体验。家长写完后不用署名，放到一个盒子里，然后所有家长抽盲盒。

2. 找方法

拿到其他家长写的内容，假设自己的孩子遇到同类问题，家长和孩子讨论解决办法，然后请孩子分享。

预设：

（1）与同龄人交往问题及解决方法。

①言行迟钝，被人抢白，无法回击——寻帮助，调情绪，改变自己。

②同学强势，不会拒绝，被控不悦——勇敢说"不"，敢于拒绝。

③公然嘲笑同学缺陷，伤其自尊——尊重彼此，自省改错。

④遇到矛盾，出口成"脏"，引发冲突——脏话使矛盾升级，言行要文明。

⑤遇到争执，争强好胜，互不谦让——退一步海阔天空，珍惜同学情谊。

（2）跨班、跨校交往问题及解决方法。

①与非同班的小学同学交往，引起他班同学评判、非议——注意言行文明得体，不影响学业生活。

②同年级跨班交往造成迟到、早退、成绩下滑等状况——分清主次，学业为先。

③与外班异性同学交往，引起两班同学关注和非议——反思交往目的及内心需要，注意言行文明得体。

④跨校交往，网上交友，引起校际间、亲子间的矛盾——认识自己的情感需要，明辨是非，寻求帮助。

⑤过分关注异性认同和评价，渴望谈恋爱——了解本阶段行为对人生的影响，初步培养正确的爱情观。

（PPT 出示）

第一类问题及解决方法：

提高认识，文明言行，划分边界，换位思考，

互相尊重，正确表达，敢于拒绝，寻求帮助。

第二类问题及解决方法：

反思后果，确定需要，分清主次，择善而交，

彬彬有礼，文明大方，行为有界，自强自爱。

过渡： PPT 上展示了出现交往问题的解决方式，但还只是停留在理论认知上面，能不能用这样的方式解决问题，还需要实践演练。

设计
意图　通过这一环节使家长和学生聚焦自身的个性问题，家长与孩子沟通，充分认识到孩子交往方面的困扰，以便从方法上给予明确的指导。

第四环节　交往技能须演练

师： 俗话说"纸上得来终觉浅，绝知此事要躬行"，要想用方法解决问题，还需要实践演练。下面就让我们通过学校生活小剧场的视频来体验同伴友好交往的美好吧。

1. 问题呈现

（PPT 出示视频一，播放存在交往矛盾的五组镜头：小 A 最心爱的笔记本被同学碰掉沾上了水；回答问题时被人抢答；在学校午餐时被插队；想安慰受委屈的同学却被拒绝；打篮球时被人打了一拳。）

师： 请家长和孩子讨论一下，这时候小 A 怎么做才不会使矛盾升级？

2. 尝试解决

家长们讨论之后，指导同组孩子现场尝试解决过程。

预设： 小 A 最心爱的笔记本被同学碰掉沾上了水，捡起来笑一笑，先说没关系，对方赶紧道歉；回答问题被同学抢答，理解同学急于展现的心理，肯定同学的观点，补充自己的观点；午餐时被插队，礼貌地请他到队尾排队；安慰受委屈的同学被拒绝，没有恼怒，依然友爱地安抚同学；打篮球时被人莫名打了一拳，确定对方没有恶意，理解为赛场难免出现的现象，不予计较。

（PPT出示视频二，播放五组解决交往矛盾问题的画面，请同学们依据视频内容，提炼概括化解矛盾、实现友好相处的五个关键词。）

自由回答，教师总结。

（PPT出示"友好相处五原则"：理解、尊重、微笑、友爱、宽容。）

3. 微型讲座

师： 同学们概括得非常好，那么在这样的原则指导下，生活中我们遇到问题怎么做才好呢？接下来有请咱们学校的心理老师作"交友矛盾巧解决"的微讲座，希望这些知识能够在生活中帮助我们解决这一类问题。有请心理老师。（PPT出示内容提要）

面对不文明交往行为"三明一理"：

明辨对错——确认自己是否有错；

明辨善恶——确认对方是否恶意；

明辨情绪——确认情绪是否对抗；

理性解决——声明、求助、行动。

交友有底线，行为有边界。

底线：令自己身体不舒服、心里不舒服、尊严不舒服的行为视为冒犯。

做法：学业为重，自尊为要，勇敢说"不"，划清边界。

4. 现场演练

师： 谢谢心理老师的讲解。"光听不练假把式"，下面我们请三组家庭，针对下面三个问题，试着按照"理解对方需求，确认自己需求，平稳自己情绪，礼貌措辞表达"的步骤进行沟通，看看能不能解决问题。（PPT出示）

同学抢走我的笔袋，拿去扔着玩，我该怎么办？

在自己不能离开班级或学校时，外校或外班小朋友来找我，怎么拒绝？

异性交往，有同学对我动手动脚，举止亲昵，我该怎么办？

师： 结合讲座内容和会议收获，家长和学生分小组讨论以上三个问题。

预设：

（1）我会冷静地面对，想办法要回来，声明不喜欢这样开玩笑：你身手挺敏捷啊！快还给我，不然我就找老师啦。同学之间不玩这种游戏，影响关系……

（2）我要友好拒绝，先说抱歉，然后告知对方不能违反学校规则，可以在课余时间邀约。

（3）我会保持微笑，主动拉开距离，找借口离开，或者明确告知对方我们是同学关系。

5. 榜样示范

师： 经过刚才的现场演练，孩子们应该有所感悟了。我们请班里平时同伴关系较好的同学说一说她是如何与同伴交往的。

预设： 与人交往注意保持适度空间距离，同伴之间依据关系远近定距离，与人相处要互相尊重，尽量避免矛盾。

（PPT 出示）

达三方共识：保持距离，尊重他人，谦虚有礼。

守交往之礼：身心舒服，关系融洽，生活愉快。

6. 点明要旨

师： 认可"友好相处五原则"，家校理念趋向一致，学生才会健康成长。请孩子们一起念下面的口诀。（PPT 出示）

你情我愿交往快乐，微笑待人身心愉悦，先容人者人皆容之，欣赏尊重善意自来，见贤思齐贤者不弃，"亲密有间"友谊长存。

设计意图 通过专家讲解、亲子讨论、同学现场演练以及学习榜样授之以法，使家长和学生对同伴交往充满信心；让家长认识到，引导孩子与同伴友好交往，感受人情美，也是家庭责任。

会议总结

亲爱的同学们，同伴交往是人生永远的课题，有正确的友谊观，有良好的人际关系，于自己、于他人、于集体、于社会都有益。因此，我们要学会交友，积极体验和谐美好的人情，让生活更美。

亲爱的家长们，正面引导，让孩子们在同伴交往方面拥有美好体验和回忆，是家校的共同责任，让我们为孩子们更加美好的人生助力吧！

会议延展

（1）会后利用问卷星进行家长指导孩子交友心得体会调研。

您孩子的名字是：_____

1. 本次家长会，您发现自己对孩子的交往能力是否有进一步的了解？

2. 本次家长会，您对七年级学生的同伴交往方面的认识是否有提高？

3. 本次家长会后，您尝试进行了哪些教育引导？效果如何？

（2）班级将在12月开展"好友助我进步"五星评比活动，请您提出"好友助我进步"的评价标准，与老师共享。

（北京理工大学附属中学　杨静琳）

09.

认识叛逆：
与青春期叛逆"握手言和"

| 背景分析 |

《家庭教育促进法》要求："父母或者其他监护人应当树立家庭是第一个课堂、家长是第一任老师的意识，承担对未成年人实施家庭教育的主体责任，用正确思想、方法和行为教育未成年人养成良好思想、品行和习惯。"

青春期孩子大多自我意识觉醒，渴望独立；他们情感世界丰富多彩且复杂多变；他们进入"心理断乳期"，与父母交流变少。在这样的情况下，孩子容易与父母产生矛盾、摩擦，孩子情绪起伏较大，不易于班级管理。所以，在此时召开"与青春期叛逆'握手言和'"主题家长会恰逢其时。

本次家长会召开时间是初二开学初，参会人员是学生和家长。

| 会议目标 |

目标	家长	学生
知识层面	了解青春期孩子的心理特点、青春期孩子叛逆的种类。	了解青春期阶段的心理特点、青春期叛逆的种类。
能力层面	能够掌握、运用基本范式解决青春期孩子的问题。	能够掌握、运用基本范式解决亲子冲突。

目标	家长	学生
态度层面	愿意秉持"态度平和、民主平等"的原则与孩子交往。	能够理解、感恩父母；愿意与家长沟通，接纳家长合理的建议。

会议准备

1. 材料准备

（1）与家委会协商，统一购买美国作家劳伦斯·斯坦伯格著、孙闰松译的《与青春期和解：理解青少年思想行为的心理学指南》，孩子写赠书卡片，家长会时赠送给家长；统一购买《青春期不迷茫：写给男孩女孩的心灵成长书（升级版）》，家长写赠书卡片，家长会时赠送给孩子。

（2）多媒体、话筒、耳麦（至少 4 个）、有抽屉的桌子、一本书、爸爸妈妈外套各一件（演小品时使用，颜色、款式均不限）、白纸、碳素笔、彩笔、打印好的诗歌等。

2. 环境准备

较宽敞的会议室，桌子摆成 U 型，孩子和家长挨着坐，班主任站在 U 型敞口处。

会议过程

师： "相识是天空有朵雪做的云，相知是雪落黄河悄然无声。"我们与孩子的相识相知也是这样在不知不觉中悄然完成的。但是随着孩子的长大，我们似乎与他们的交流越来越难，家里经常"狼烟四起"，亲子关系"剑拔弩张"。所以今天我们在这里集会，召开主题为"与青春期叛逆'握手言和'"的家长会，希望通过本次家长会，家长和孩子能够相互理解，并掌握解决亲子冲突的方法，最终建立和谐融洽的家庭关系、亲子关系。

第一环节　看"剧"说事，热议破冰

1. 欣赏小品

师：下面我们进入本次家长会的第一个环节：看"剧"说事。请家长们欣赏由博宇、雨轩、艺轩带来的小品《偏要看》。

（准备工作：抬上带抽屉的桌子，演员穿好父母的衣服。PPT 出示：博宇饰演爸爸、雨轩饰演妈妈、艺轩饰演孩子。）

小品内容：

爸爸："孩子他妈，咱们得让孩子多读点书。"妈妈："每天进门就捂耳朵嫌咱们唠叨，门'啪'地一关就进屋了，咋说？"两人左思右想，爸爸说："有办法了，咱儿子叛逆，咱们假装把书藏起来不让他看，他就一定会看。"妈妈："我看行。"

孩子出来上厕所，父母听见孩子冲水，立刻进入演戏状态，爸爸："孩子他妈，那本书呢？"妈妈看见孩子出来，赶紧又眨眼又关抽屉："说什么呢？哪有什么书？"妈妈慌忙藏书。"你们藏什么书呢？"孩子好奇地问。"没有，哪有什么书？"父母眼神躲闪地说。"莫名其妙！"孩子不耐烦地嘟囔了一句，回了屋。晚上父母熄灯睡觉，孩子蹑手蹑脚地走到客厅，拉开了桌子的抽屉。"不让我看，我偏要看。"孩子喃喃自语道。

师：家长们觉得这个小品的"梗"在哪里？
预设：父母利用孩子的叛逆心理，达到自己的目的。
师：家有青春期孩子，我们做父母的太难了，是不是？在你们的家庭中有没有类似小品中孩子这样的情况：嫌父母唠叨，你说往东他偏往西？大家来说说。

2. 家长吐槽

预设：

（1）我们家的孩子一言不合就支棱着脖子嚷嚷，上了初中以后脾气更是越来越大。

（2）啥都不能说，嫌烦，嫌我们啥也不懂，不要我们管。

（3）我们家孩子倒是不喊叫，你说问题、提要求，人家就一言不发，之后和你冷战好几周。

（4）每天不知道哪来的火，一进家就黑着张脸，"啪"的一声把门一摔，就跟我欠他多少钱似的。

师： 听大家这么一说，我感觉我们的孩子越大越不懂事了，变得爱和父母吵架，常常拒父母于千里之外了，是吗？

过渡： 无数的表象似乎都在告诉我们，孩子越大越不好管，他们倔强叛逆、不知感恩。其实，心理学家做过一些研究，结论与我们刚才达成的共识不太一样，下面，我们一起来了解。

 观看小品是为了将家长引入特定情境中，让家长吐槽是为了引发家长共鸣，从而调动家长参与家长会的积极性，为家长会破冰。

第二环节　摒弃陈见，重塑认知

1．"听题站队"

师： 家长们，有时候我们以为只是我们以为。我们来做个"听题站队"的游戏，请大家站到前面的空地上，面朝我，一会儿我来说观点，你们来站队，同意我所说观点的站到我的右手边，不同意我所说观点的站到我的左手边。（PPT逐条出示）

1．进入青春期，孩子越来越喜欢和家长吵架（越来越不愿意和家长说话）。

2．进入青春期，孩子越来越不需要家长了。

3．进入青春期，孩子做了错事，就应该让他（或她）先低头认错，要不以后更难管。

4. 不用什么都和孩子讨论，有用没用的都讨论是在浪费时间。

5. 进入青春期，亲子之间的矛盾冲突大多是由孩子不成熟引起的。

预设： 大部分家长都选择站在同意上述观点的一队。

2. 揭示真相

师： 好，现在游戏结束，请家长们回到座位。我们来看一下心理学家的研究结论，看看刚才家长们轻而易举就达成的共识到底是不是事实真相。（PPT 出示）

1. 研究发现，青少年不喜欢和父母吵架，甚至比父母更不喜欢吵架；调查显示，青少年喜欢花更多的时间与父母交谈。

2. 不管青少年看起来多么独立，青少年仍然需要父母的爱和鼓励，需要父母的帮助和指导。

3. 一个关系中的问题在陷入僵局的时候，只有强势或者说处于优势的一方先作出改变，破局的可能性才更大，而家长往往是亲子冲突中的优势一方。

4. 鼓励家长与青少年对所有问题进行热烈的公开讨论，这样能帮助青少年更早发展出高级思维。

5. 未能理解青少年思维方式的变化是父母和青少年之间发生冲突的主要原因。

师： 家长朋友们，看了上面的结论，你们作何感想？是不是要被惊掉下巴了，我们一直相信的"真理"居然是错的！原来青春期的孩子并不喜欢和家长吵架，他们很愿意和我们心平气和地交流。也许他们不再是小孩，并且他们也不再如我们想的那么幼稚，我们似乎要认真听一听他们的话……知道这些也许能让大家重新认识与孩子的矛盾和冲突。

过渡： 有一句很幽默的话叫"你以为的以为只是你以为"。通过刚才的环节，我们知道我们固有的认知有偏差，我们似乎要放下一些执拗，学习新的知识，不断成长，这样才能在亲子矛盾的处理中游刃有余。

设计
意图

此环节通过归纳常见的错误观念，然后出示科学研究结论，摒除家长的陈见，为其树立正确积极的心态，为下一环节探寻亲子冲突的解决之道作铺垫。

第三环节　走进叛逆，解决冲突

1. 出示案例

母亲：你要干什么去？

孩子：我和同学约好了要去公园骑自行车。

母亲：你作业写完了？

孩子：写完了。

母亲：写完作业就能出去玩了？你就不能复习一下，看你上次小测验考的，这马上又要考试了。

孩子：我都写了一上午作业了，我下午就不能出去玩一会儿？我是机器吗？每天就是学习、学习。考试、考试，你就知道考试！

母亲：怎么了？你不努力学习，没考好，还不让人说了，我哪点说的不对了？

孩子：你全对，全对！行了吧！

孩子很生气，扔掉了刚刚拿起的外套，冲进自己的房间"啪"的一声关上了门（或坚持要外出，怒气冲冲地摔门而去）。

师： 这样的场景大家一定不陌生，今天我们就以上述案例为例，拆解亲子冲突，探寻高效解决亲子冲突的路径。

2. 拆解问题

师： 假如您和您的孩子是上面案例中的家长和孩子，请您根据我的引导完成案例拆解。

（1）寻找目的地。

师： 请您与孩子讨论，上面的事情有一个怎样的结果双方都满意？把这个预想的满意结局写到白纸中央，孩子写孩子的，家长写家长的，但是都要写到白纸中央，挨在一起。例如：妈妈的目的是让孩子留在家里复习功课；孩子的目的是要出去玩，放松紧张的神经。

（2）搭建亲子桥。

师： 大家从目的地分别往两边走（画一条弧线，形成桥的大体轮廓，班主任出示范例），请思考你怎样才能达到刚才的目的。

预设： 孩子写"我得征得妈妈的同意，否则勉强出去，回来还是得争吵、冷战"；妈妈写"还是得要说服孩子，否则留得住人，留不住心"。

（3）逆推定契约。

师： 大家再往两边走，写出对方能让你达成此目的的条件。

预设： 孩子写"保证下次考好"；家长写"做个约定，学习任务完成了，当然可以出去玩。"

师： 大家有没有发现，现在我们的问题好像集中到了制定什么样的规则，帮助孩子稳定成绩，然后就能解决亲子冲突，达成双方的愿望。现在请大家另找一张白纸，还是用逆推的方法，罗列我们要达成此目的的条件。

预设： 要考进班级前 20 名需要哪些条件？

第一，认真听课，高质量地完成各科作业。

第二，要提高弱势科目如英语的成绩。

（4）考核促进步。

师： 我们要在条件旁罗列怎样评估孩子做到了这一条，孩子也可以提一些条件与家长协商，例如：考单词的时间我来定，或者妈妈强调的事情只说一遍。

师引导： 要考进班级前 20 名需要哪些条件？

第一，认真听课，高质量地完成各科作业。评估手段：不定时电话咨询科任教师孩子的表现；随机抽查孩子完成作业的情况。孩子要求：妈妈让我自由安排学习时间和顺序，我在规定时间内完成学习任务就可以；妈妈不能无休止地给我增添学习任务。

第二，要提高弱势科目如英语的成绩。推进方法：每天让家长考背20个单词，大声朗读英语课文20分钟。孩子要求：我自己背，家长考，但我不想写；妈妈不能无休止地给我增添学习任务。

师： 现在需要考虑最后一个问题：如果我们违反了协商的约定，怎么办？

预设：

孩子：那我就一个月不出去玩。家长：那我就今年暑假领他去迪士尼。

孩子：那我就洗一个月的碗筷。家长：那我就给他买他想要的山地自行车。

（5）践行亲子桥。

师： 请大家拿出刚才画好的亲子桥，我们在自己的起始位置写下我们约定要做的事情。

预设：

孩子：①自己安排好学习内容和时间。②在规定时间内完成学习任务，并配合家长检查。③如果违反约定，甘愿受处罚。

家长：①重要的事情只说一遍。②只要孩子履行约定，不过多干涉孩子的事情。③如果违反约定，甘愿受处罚。④愿意在孩子进步时给予肯定、鼓励、奖励等。

师： 亲子桥使我们沟通顺畅，让我们彼此理解，建议家长进行装裱，挂于家中醒目位置，让这幅图时刻提醒彼此：温和沟通，从目的地逆推当下我们应该做什么。好，现在请大家用彩笔装点我们的亲子桥，让亲子桥赏心悦目，让亲子关系温馨和睦。

预设： 有的在桥的上方画了一个太阳，有的在桥上添一些花朵，有的家长则在桥的下方画了一条河……

3. 形成范式

师： 我们通过拆解案例来学习常见亲子冲突的解决办法，为了让家长明晰解决模型，我总结了下面的范式，供大家在发生矛盾时参考，以达到高效解决问题的目的。（PPT 出示）

找到核心问题—罗列解决问题条件—明确各自责任—写下协议—商讨双方都接受的惩罚措施（积极惩罚）—定时反观调整。

过渡： 用好的方法做事，效率才会高，效果才会好，希望在场的各位家长与孩子能够学会使用上述范式，高效解决彼此间的矛盾和冲突，从而维持较为稳定和谐的亲子关系。

 通过出示青春期叛逆的常见案例和以问题为导向的思考方式，让家长和孩子初步探索出解决青春期亲子冲突的范式，为日后解决亲子矛盾提供切实有效的方法。

第四环节　握手言和，憧憬未来

1. 互赠书籍

师： 家长会前，我与家委会协商，给家长统一购买了《与青春期和解：理解青少年思想行为的心理学指南》，孩子在卡片上写赠书给家长的理由；给孩子统一购买了《青春期不迷茫：写给男孩女孩的心灵成长书（升级版）》，家长在卡片上写赠书给孩子的理由。现在由家委会成员把书分发给家长和孩子，亲子双方互赠书籍，并当场阅读赠书卡片。

2. 共读诗歌

师： 我们在家长会前通过投票精心挑选了一首赞颂亲子关系的诗歌，现在有请家长代表、学生代表配乐诵读，让这首诗开启我们日后和谐亲子关系的序幕，从今往后拒绝青春期叛逆，告别亲子冲突，大家掌声欢迎。

亲　情

佚名

久别的友情花朵，亦会失香，亦会褪色

久别的爱情空气，既会升温，亦会冷却

唯有亲情是一坛深埋地下的酒，越藏越浓越醇厚

太平洋浩瀚无倪，何其广袤

但亲情的步伐足以把它穿越

珠穆朗玛峰直凌云际，谁与争高

但亲情的声息足以把它弥绕

不曾信誓旦旦

不曾轰轰烈烈

亲情的藕丝系着无声的祝福

飘梭过八千里山河

没有波澜壮阔的激情

没有清泉映松的诗意

亲情恰似一汪清澈恍漾的湖水

以她恬静的面容

讲述着一段段悱恻动人的深情

阳光映照偶起涟漪

轻风拂过忽闪磷光

整片湖水同涨同落，相通相融

恰似亲情的风雨同舟，无私互奉

设计意图 通过互赠书籍，阅读赠书卡片，让父母感受到只有自己好好学习，才能有更多的智慧处理亲子冲突，才能更好地帮助孩子健康成长。此环节也让孩子感觉到父母对自己的爱，愿意接受父母合理的意见和建议。共读诗歌将家长会推向高潮，家长会在浓浓爱意中结束。

会议总结

父母和孩子本应该是世界上最亲密的人，但是有时候因为我们个体的发展，因为我们知识的有限，没有用正确的方式与对方相处，取而代之的是执着"镇压"，是冷漠抵抗。希望通过本次家长会，家长与孩子可以了解彼此，找到与对方和谐相处的方法，掌握高效解决亲子冲突的"钥匙"，从而帮助孩子更好地度过"叛逆"的青春期。

会议延展

（1）请装裱家长会所绘制的亲子桥，并将其高挂于家中醒目位置。

（2）请在家长会后运用所学范式解决亲子冲突，并如实记录一次解决亲子冲突的具体过程。

（3）推荐阅读书籍：《亲子关系的重建：用沙盘疗法读懂孩子的心》《为何家会伤人》《觉醒父母：教育子女的8大智慧》。

（内蒙古自治区乌海市第四中学　李亚青）

10. "早恋"教育：
以"爱"邀约，共话"早恋"

▎ 背景分析 ▎

青春期是每个孩子成长的必经之期，也是每个家庭亲子问题较多的时期。

初二是初中学习生活不稳定且非常关键的一年，在这一年出现的问题可能直接影响学生整个初中生活，甚至以后的人生。进入青春期后，有不少学生出现了引起异性注意、渴望了解异性、向往与异性交往的倾向。很多家长更是谈"恋"色变，却苦于不知如何指导。所以召开一场关于"早恋"的家长会尤其必要。

本次家长会召开时间是初二上学期 10 月，参会人员是学生和家长。

▎ 会议目标 ▎

目标	家长	学生
知识层面	了解孩子在青春期产生情感问题的原因及其影响。	了解青春期情感需求产生的原因及其影响。
能力层面	提升理性分析孩子的青春期产生情感需求的能力，并学会用正确的方法引导孩子处理自己的情感问题。	在老师和家长的帮助下，学会正确对待青春期情感需求，能正确处理自己的情感问题。

目标	家长	学生
态度层面	以平和的态度接纳孩子的青春期情感需求，以积极的心态引导、协助孩子解决问题。	理性看待自己的情感需要，懂得把握好异性交往的度。

| 会议准备 |

1. 材料准备

小黑板、粉笔、白纸、打印的各类文稿等。

2. 环境准备

教室座椅摆成 U 型，两边坐家长，后面坐学生。

3. 其他准备

（1）提前给家长发短信告知其家长会时间、地点，确定可以参会的家长。

（2）学生提前写作文《我"喜欢"的男生（女生）》，老师批阅整理。

（3）电影《怦然心动》资料。

（4）进行问卷调查，具体如下：

亲爱的家长，您好！为了帮助家长应对青春期孩子的恋爱问题，我们将召开一次家长会。为了让此次活动更加有针对性，请您在繁忙的生活中抽出一些时间来填写这个问卷，谢谢您能作答！

1. 您是孩子的（　　　）。

A. 爸爸　B. 妈妈　C. 爷爷（外公）　D. 奶奶（外婆）　E. 其他

2. 您认为用"早恋"来描述青少年时期的感情是否正确？（　　　）

A. 正确，青少年时期恋爱为时过早

B. 中立，只是时间上区别于以后的恋爱

C. 不正确，恋爱没有早晚之分

3. 当您猜测或者发现了您的孩子有男/女朋友时，您会怎么办?（　　　）

A. 立即制止，若再次发现，则采取强制措施

B. 与孩子讨论，委婉地告诉他（她）还是要以学业为重

C. 不加干涉

D. 感到开心并支持

4. 您认为孩子"早恋"的原因是什么?（可多选）（　　　）

A. 出于新奇　B. 缺乏学习的十足动力和拼搏精神

C. 真心地欣赏并喜欢对方　D. 家长缺乏关心

E. 其他_____

5. 您认为"早恋"对学生的负面影响是什么?（可多选）（　　　）

A. 无心向学，思想颓废　B. 整天沉迷在和恋人的吃喝玩乐上

C. 造成无法弥补的损失或伤害（身体或心灵）

D. 整天不切实际地幻想　E. 给感情生活留下阴影

F. 破坏与家人或朋友的感情　G. 其他

6. 您认为"早恋"有没有益处?如果有，是什么?（　　　）

A. 没有

B. 有，可以_____

可作参考:

（1）互相陪伴　（2）共同进步，互相帮助学习

（3）听取较为真诚的意见和看法　（4）叛逆期找到父母之外的依靠

（5）成为美好的回忆　（6）提升社交能力

7. 您认为学校应该对中学生"早恋"持有的态度和做法是什么?

A. 坚决反对，强力干涉

B. 持反对态度，建议分开

C. 持反对态度，但尊重、不干涉

D. 持中立（或积极）态度，给予监督和建议

E. 持中立（或积极）态度，不干涉

感谢您参与本次问卷调查!

会议过程

教室提前播放歌曲《蒲公英的约定》（PPT 出示歌词）。

师：尊敬的各位家长，亲爱的孩子们，大家好！听到这首歌，大家应该知道今天我们家长会的主题了。（PPT 出示"以'爱'邀约，共话'早恋'"）

第一环节　日记来导入——我心中的男神女神

师：在班会开始之初，大家先来欣赏一下孩子们的心声。（PPT 展示，家长阅读。）

尤同学作文《我"喜欢"的男生》节选：

可能他不是最好的，但我还是很喜欢。我喜欢的男生是一个不善于表达自己但却很幽默的男生。他总是说一两句话就让人哈哈大笑。我身边的人都说他不是很好，但我就是觉得他很好。我在读季羡林先生的文章时读到这样一句话："一个人最心爱的人只有一只眼，于是他就觉得天下人（一只眼者除外）都多长了一只眼。"我觉得很好，反复读了好多遍。

吴同学作文《我"喜欢"的女生》节选：

每次她那双宝石般的眼睛望向我时，我的心仿佛被穿透了似的。她每次和我说话都是笑着的，她那笑容使我觉得周围的其他人都不存在了。我也望着她，深深地注视着，我发现，我好像喜欢上眼前这个有时疯疯的，全班男生里只愿意跟我说话的女生。

李同学作文《我"喜欢"的男生》节选：

不知从哪一天起，好像他也注意到了我，每当他把目光望向我的方向时，我会把分开的双腿合拢，把头上的碎发顺向耳后，把说话声音放小，让动作变优雅，希望变得更优秀，变成他喜欢的类型，让他也欣赏欣赏我。

师：各位家长，看到这样直白的表达，你们是不是既惊讶又担心。自从进入青春期，孩子们开始注意异性，渴望在异性面前表现自己，很在意自己在异性眼中的形象……甚至在与喜欢的异性相处时，会有一股从未有过的心潮悄然涌动。其实，这些心理变化、情感体验都是青春成长中的正常现象，我们称之为"青春期的心理萌动"。

设计
意图 这一环节，通过展示孩子的作文，让家长和孩子一起直面青春期的情感问题，为下一个环节的开展作铺垫。

第二环节　辩论见真知——青春萌动该不该

师： 看到孩子们这么大胆地表达，家长们心中一定有很大的疑问：青春期的孩子到底该不该恋爱？这样的恋爱对他们现在和未来会产生什么样的影响呢？下面让我们来辩一辩吧。（PPT 出示）

自由辩论：青春期该不该有爱的表达？

孩子和家长根据自己的观点分别坐在左右两边，自由参加辩论。辩论结束，家长可以自由选择自己的立场和座位。

预设：

支持的理由：

（1）互相陪伴。

（2）共同进步，互相帮助学习。

（3）听取较为真诚的意见和看法。

（4）叛逆期找到父母之外的依靠。

（5）共创美好的回忆。

（6）提升社交能力。

反对的理由：

（1）无心向学，思想颓废。

（2）整天沉迷在和恋人的吃喝玩乐上。

（3）造成无法弥补的损失或伤害（身体或心灵）。

（4）整天不切实际地幻想。

（5）给感情生活留下阴影。

（6）破坏与家人或朋友的感情。

过渡：看来家长觉得孩子在青春期产生悸动是正常的，但都普遍反对有实质性的行为。家长普遍认为：孩子的主要任务是学习，与异性交往会分散精力、耽误学习；同时中学生心理不成熟、认识不全面，与异性交往不能很好地树立界线感，很容易犯错误，遗恨终生，都希望孩子把这种对异性的爱慕留在心底，行动上化为进步的力量。而孩子在认同家长的想法的同时，认为这也是人际交往的一部分，渴望在行动上有所尝试。那么，作为家长，我们该怎么引导呢？可能一些影视作品可以给大家一点启示。

 设计意图 辩论给作为过来人的家长和正处于青春期的孩子一个表达自己观点的机会，也促进了各自的思考，为下一个环节的开展作铺垫。

第三环节　回顾与探讨——那些美好的少年情愫

（PPT 出示《怦然心动》电影画报）

用抢答的方式回忆故事情节。

（1）故事的男女主人公的名字是什么？

预设：朱莉、布莱斯。

（2）朱莉见到布莱斯的第一眼就被布莱斯的什么吸引了？心里有了什么期待？

预设：朱莉被布莱斯清澈的蓝眼睛所吸引，期待表达爱意的吻。

（3）进入青春期，朱莉做了什么想引起布莱斯的注意？布莱斯的反应如何？

预设：每天爬上大树报告校车行进的距离；在科学展上以独特的课题获

得第一名；把自己养的鸡生的蛋送给布莱斯一家；自己动手清理院子。

但朱莉的努力并没有获得布莱斯的喜欢，反而导致对方更加讨厌甚至嘲笑她。

（4）什么事情的发生让朱莉觉得布莱斯没有那么好，并选择远离？

预设： 布莱斯不喜欢朱莉送的鸡蛋，宁愿扔掉也不实话实说——觉得布莱斯不够坦诚。

布莱斯嘲笑朱莉的叔叔智障是因为遗传——觉得布莱斯虚有其表，浅薄。

（5）布莱斯妈妈邀请朱莉一家做客，朱莉没有去，让布莱斯开始反观自己的内心，发现自己一直被这个女孩吸引。他做了什么来挽救这段感情？

预设： 在朱莉被朋友嘲笑的时候挺身而出；冒着被朋友抛弃的危险向朱莉表白；为朱莉种下一棵树。

师： 不管这种萌动如何发展，都寄予了"追爱"者的美好愿望，是他实现自我目标的路径之一。只要将孩子的关注点引导到实现更好的自我上，其实也没有那么可怕。

过渡： 无论是儿时见面就怦然心动的朱莉，还是一开始讨厌后来发现朱莉的美好的布莱斯，都在"一起种下一棵树"的结尾中给这段青春期的萌动作了最好的注解。朱莉和布莱斯的"爱情"可以这样美好，其中有两个人功不可没——朱莉的爸爸和布莱斯的外公。

设计意图 以回顾电影情节的方式体验青春期萌动的情感发展过程，探讨青春期萌动开始的原因，以及可能的发展结果，告诉家长合理引导的重要性。

第四环节　分析加归纳——家长护航，平稳成长

师： 让我们来细数一下，这两个人在朱莉和布莱斯的追爱与被爱中做了什么。

在家长们回答的过程中，教师用 PPT 展示电影截图。

1. 朱莉爸爸

师：朱莉的爸爸平时比较关注女儿，当知道她喜欢邻居家的男孩布莱斯时，适时地提醒她：看一个人不能只看到他的一部分，比如闪亮的眼睛、灿烂的笑容，而是要从整体的角度看他究竟是怎样的一个人。（PPT 出示）

（左边）孩子"早恋"，家长要：

1. 关注好过干涉。

2. 引导好过制止。

（右边）朱莉爸爸语录：

一幅画不是由部分简单拼凑而成的。牛仅仅只是一头牛，草地也只有青草和鲜花，而穿过树枝的阳光也仅仅只是一束光，但如果将它们放到一起，就会产生魔法一般的魅力。

师：爸爸的持续关注引导让朱莉没有在这段青春期的萌动中迷失自我、迎合世俗，反而不断体会、感悟，变得更好。（PPT 出示）

朱莉语录：

有时落日泛起紫红的余晖，有时散发出橘红色的火光燃起天边的晚霞。在这绚烂的日落景象中，我慢慢领悟了父亲所说的整体胜于局部总和的道理。

2. 布莱斯外公

师：布莱斯的外公绝对是一位了不起的智者。他注意到自己的外孙对女孩朱莉不一般，不但没有带着势利的眼光去打量，反而时刻提醒外孙要去了解，去观察。当看到报纸上"朱莉抗议砍树"的报道，他告诉外孙："那个丫头很有骨气！"在鸡蛋事件后，他告诉布莱斯："一个人的品性在年少时就定型了，我不想看到你误入歧途。这是诚实问题，孩子。开始的一点小小不悦，往往能省却之后的很多痛苦。"外公带布莱斯到户外散步，对布莱斯说：

"她是很不错的女孩儿。我们中有的人黯淡无光，有的色泽艳丽，有的则光彩照人，但是偶尔你也会遇到色彩斑斓的人，当你真遇到时，其他一切都不重要了。"

如果不是外公，布莱斯将无法从虚伪、冷漠、自以为是中走出来，看到朱莉的美好。（PPT 出示）

（左边）孩子"早恋"，家长要：

3. 适当表露态度，进行正面引导。

4. 品行的认同才是重中之重。

（右边是电影截图）

过渡：这是把少男少女之间的青春萌动诠释得最细腻的一部电影，值得家长和孩子们反复观看，细细体会。那我们身边有没有与此类似的事件（案例）呢？（PPT 出示）

案例一：两个成绩很不错的孩子因为想互相学习，选择坐在一起。随着接触的不断加深，两个人之间产生了大于同学关系的情愫，直到两个人深夜聊天的事实被其中一方父母发现。

案例二：孩子的早恋对象是社会青年，被家长发现已经有一年多了。其中有拥抱、接吻、抚摸等行为。家长试图说服孩子，但没有效果。

案例三：一个孩子在日记中坦言，打算偷尝"禁果"。

师：这三个"爱"的案例虽触目惊心，却都来自我们的身边，也再次提醒我们家长干预的必要性。那么，各位家长觉得在处理的时候该注意什么呢？家长分组进行讨论。

预设：

案例一：这两个人最初的目的是提高成绩，但是长期这样深夜讨论可能会让愿望落空，还可能让两个人互生怨怼。家长可以开诚布公地和孩子谈一谈，建议他们暂时分开，各自努力，把结果交给时间。

案例二：恋爱方面，家长要明确给孩子规定底线；生活中，转移注意力，鼓励孩子去持续做一件事情。让孩子明白，自己优秀了，才能遇到更好的人。

案例三：家长可以通过孩子的老师和朋友了解前因后果，看看其中有多少成分属实。但是这毕竟已经踩了早恋的底线，所以加强监督、及时规劝必不可少。

（PPT 出示）

订立规矩，教导底线。
加强监督，及时规劝。

师总结： 所以，预防和干预"早恋"的重点不是"早恋"行为本身，应该是对孩子进行健康情感教育、自尊教育、幸福观教育。（PPT 出示）

孩子"早恋"，家长处理的"三不可"：

1. 不可粗鲁地打断。

当发现自己孩子"早恋"，家长往往被自己臆想的后果吓坏了，难免情绪激动，行为失当，这样做只会助长孩子的逆反心理。（参考"罗密欧与朱丽叶效应"）

2. 不可闹到学校。

当知道孩子"早恋"，家长往往又把责任归结为学校的监管不到位。闹到学校，是对孩子隐私的不尊重，可能会导致亲子关系破裂。

3. 不可找对方私了。

当无法说服自己孩子放弃的时候，家长往往把希望寄托给对方，于是私下找对方小孩或家长，这可能导致过激行为发生。

过渡： 相信通过刚才热烈的讨论，大家对孩子青春期情感问题有了自己的理解和认识。

设计意图 教师通过引导家长对发生在学校的具体案例的分析和归纳，探讨对少男少女青春萌动的处理策略和介入技巧，为下一个环节的开展作铺垫。

第五环节　总结与寄语——心动与行动都可以更美

家长和孩子配乐朗诵徐志摩的《偶然》。

偶　然

徐志摩

我是天空里的一片云，

偶尔投影在你的波心——

你不必讶异，

更无须欢喜——

在转瞬间消灭了踪影。

你我相逢在黑夜的海上，

你有你的，我有我的，方向；

你记得也好，

最好你忘掉，

在这交会时互放的光亮！

| 会议总结 |

孩子与异性交往不存在"对"与"错"，因此也不应该有绝对的禁止和支持。如果当事人能很好地处理情绪、零用钱、学习与交往过密之间的关系，我们就没必要干涉；对不能很好地处理各种关系的同学，家长和老师应该用朋友的姿态去和孩子探讨，把信任交给孩子，把结果交给时间，期待经过"爱"的洗礼之后，我们的孩子都可以成长为更好的自己！

| 会议延展 |

（1）推荐亲子共同观看电影《初恋这件小事》。

（2）推荐亲子共读《爸爸说给青春期儿子的秘密话》《妈妈说给青春期女儿的悄悄话》等相关书籍。

（3）通过微信"小打卡"进行家长经验交流。

（4）利用问卷星进行家长会复盘。

您孩子的名字是：＿＿＿＿＿＿＿

1. 本次家长会，您收获最大的一点是什么？

2. 本次家长会，您印象深刻的环节是哪一个？为什么？

3. 本次家长会开完之后，对于青春期孩子与异性交往问题，您准备怎么做？

4. 对这次家长会，您有什么好的建议或者需要学校、老师提供什么帮助？

（湖北省武汉市吴家山第三中学　易琦娴）

11. 亲子沟通：
——沟通无极限，成长看得见

| 背景分析 |

《家庭教育促进法》第二章第十八条说："未成年人的父母或者其他监护人应当树立正确的家庭教育理念，自觉学习家庭教育知识"。由此可见，作为家庭教育的一部分，学习科学的亲子沟通方式，是父母的责任之一。

初二学生生理发育和心理发展急剧变化，叛逆期如约而至。一些原本乖巧的孩子变得脾气暴躁，出现了与父母顶嘴、冷战，或者与父母沟通出现障碍等现象。此时，如果父母不懂科学的沟通方法，将会导致亲子冲突，甚至把爱变成伤害。所以，亲子之间懂得科学的沟通方式，显得尤为重要。

本次家长会召开时间是初二上学期期末，参会人员是学生和家长。

| 会议目标 |

目标	家长	学生
知识层面	了解与孩子进行良性沟通的一般性步骤：观察＋感受＋需要＋请求。	了解与父母进行良性沟通的方式：非暴力沟通。
能力层面	提升与孩子沟通的技巧，学会用非暴力语言沟通的方法和步骤。	提升换位思考的能力，能运用共情的方式，表达自己的感受和需求。

目标	家长	学生
态度层面	愿意无条件地接纳孩子的个性特征并用尊重态度与孩子进行沟通。	能够尊重、理解父母，心平气和地与父母对话。

｜ 会议准备 ｜

1. 材料准备

（1）语言牌：正面语言牌"你真能干""你真讨人喜欢""我真漂亮"，负面语言牌"你太笨了""你真惹人厌""你长得真丑"。

（2）现场需要用的长颈鹿面具和豺狗面具：两副长颈鹿面具（一副耳朵向外，一副耳朵向内），两副豺狗面具（一副耳朵向前，一副耳朵向后）。

2. 环境准备

场面布置需要有温馨的家庭氛围。

3. 其他准备

（1）教师阅读《非暴力沟通》。

（2）提前召开以"父母会沟通，孩子才优秀"为主题的家长会，强调亲子沟通的重要性，同时让家长了解亲子沟通前、沟通中、沟通后所需的正确态度。

（3）做好 DISC 知识单，家长提前了解自己和孩子的类型。

（4）提前请孩子寄送快递，写一封主题为"爸爸妈妈，我想对你们说"的信，在信中陈述与父母沟通时的感受和问题。

（5）进行问卷调查，主题是"破解你和孩子的性格密码"。

亲爱的家长朋友，前一次家长会，我们深刻地知道了沟通的重要性，同时也了解了沟通的常识。为了便于大家更好地和孩子沟通，解决亲子矛盾，我们先来用 DISC 理论破解您和孩子的性格密码。我们一起来测试一下您和孩子分别是什么类型。

D 型：支配性。（力量型：性格外向，有行动力，有主见。）

喜欢按自己的方式做事，有领导才能，说话直接，不易控制自己的情绪。意志坚定，独立性强。

I 型：影响性。（好玩型：性格散漫、活泼、乐观。）

喜欢享受，外向，善于语言表达，不爱受约束，重友情，讲义气，不喜欢别人唠叨。

S 型：稳固性。（和平型：性格温顺，善于服从，平和。）

不喜欢挑战，安于现状，忠诚可靠，不喜欢争执，顺从别人的意见。自信心不太够，怕得罪人。

C 型：思考性。（完美型：性格内向，善于思考，冷静。）

做事注重细节，性格敏感，做事讲究计划，要求完美。

1. 您是（　　　）型，您的孩子是（　　　）型。

2. 亲子沟通容易出现的问题有哪些？请具体写一写您和孩子的一次冲突。

｜ 会议过程 ｜

师： 亲爱的家长朋友们，我们在会前一起完成了 DISC 性格测试，下面我们一起来玩个小游戏。我们用《西游记》里面的孙悟空、猪八戒、沙僧、唐僧分别代表 D 型、I 型、S 型、C 型。（PPT 出示）

分析亲子配对的沟通问题

家长 D+ 孩子 D：家长强制孩子按照自己的想法做事，孩子却有自己的主见，因此互不相让。

家长 D+ 孩子 I：家长觉得孩子太贪玩，太懒散；孩子又觉得家长太古板，没情趣。

家长 D+ 孩子 S：家长认为孩子太老实，孩子认为家长要求太高，自己太累。

家长 D+ 孩子 C：家长看不惯孩子过分敏感，孩子认为父母不懂自己。

家长 I+ 孩子 D：家长要求孩子和自己一起参加聚会，孩子又不愿意和父母一起参加聚会。

家长 I+ 孩子 I：家长平日对孩子态度随性，可是一旦在学习上有要求，双方就会发生矛盾。

家长 I+ 孩子 S：家长容易忽略孩子的内心感受，孩子会觉得很累。

家长 I+ 孩子 C：家长喜欢热闹，孩子喜欢安静；家长容易忽略孩子内心感受，孩子会因为小事而受到伤害。

家长 S+ 孩子 D：家长容易纵容孩子，孩子并不佩服自己的父母，容易骄纵。

家长 S+ 孩子 I：家长用妥协的方式处理亲子矛盾，孩子会没有规则意识，并且生活散漫。

家长 S+ 孩子 S：孩子和家长不善于交流，沟通较少。

家长 S+ 孩子 C：家长不主动关心孩子，孩子感受不到父母的爱。

家长 C+ 孩子 D：家长对孩子要求过于完美，而孩子喜欢按照自己的方式做事。

家长 C+ 孩子 I：家长不能容忍孩子过于散漫，孩子对父母的约束管理感到难受。

家长 C+ 孩子 S：家长对孩子严厉，孩子容易压力过大。

家长 C+ 孩子 C：互相都喜欢坚持自己的观点，僵持不下。

（以上内容根据网络资料改编）

过渡： 刚才和大家交流了亲子配对的沟通问题。大家有没有发现，沟通环节中最主要的问题是语言表达？

 设计意图　通过《西游记》中的角色形象代替，分析亲子配对类型容易出现的沟通问题，从而自然引出本次家长会的主题。

第一环节 感知——对比的语言魔力

活动设置：正负语言体验场。

第一步，教师送语言牌。

师：亲爱的家长朋友们，我们来做一个语言体验游戏，需要男、女家长各一位配合我。

预设：家长可能会举手，如果冷场，教师可邀请两位家长上台，并让女家长体验正面语言，男家长体验负面语言。

师：请两位面向全体家长，并排站在一起。现在我开始给你们送语言牌，请你们仔细感受。请其他家长观察他们的表情。（PPT出示）

游戏：正负语言体验场。

要求：（1）讲台前的家长认真体验收到语言牌的感受。（2）其他家长认真观察他们的表情。

教师开始递送准备的语言牌。

师：你真能干！（教师一边赞叹一边把"你真能干"的语言牌递送给左边的家长）

师：你太笨了！（教师把"你太笨了"的语言牌递送给右边的家长）

师：你真讨人喜欢！（教师递送"你真讨人喜欢"的语言牌给左边的家长）

师：你真惹人厌！（教师递送"你真惹人厌"的语言牌给右边的家长）

师：你真漂亮！（教师递送"你真漂亮"的语言牌给左边的家长）

师：你长得真丑！（教师递送"你长得真丑"的语言牌给右边的家长）

第二步，家长谈感受。

师：请问左边的家长，您收到正面的语言是什么感受？

预设：开心、高兴，会激励自己更加努力，会觉得赞扬自己的人也很好……

师：所以，当我们用正面语言与孩子沟通的时候，孩子的心情会愉快，我们自己的心情也更愉快。心情好了，沟通就更顺畅。

师：请问右边的家长，您收到负面的语言是什么感受？

预设：沮丧、难过，甚至觉得对方不好……

师：如果孩子总是被我们用否定的语言评价，他会不会变得越来越不自信，和我们产生隔阂，甚至矛盾？

师总结：语言表达的力量是强大的，这就是沟通艺术的魔力。亲爱的家长们，与孩子交流，需要多用肯定的语言，少用否定的语言。

过渡：那么，如何通过正确的表达程序，以正面的语言来实现良好的沟通呢？

 心理学上有一个词叫"意识"。语言本身就是意识的化身。什么样的意识会导致什么样的后果。通过用正负语言对比体验的方式，让家长们感受到在沟通中正面语言和负面语言所产生的不同效果。

第二环节　明晰——沟通的表达程序

活动一：面具体验

师：我们用比喻的方法，正面语言用"长颈鹿"表示，负面语言用"豺狗"表示。（PPT 出示长颈鹿和豺狗的头像）

师：为什么用"长颈鹿"命名正面语言？因为长颈鹿的特点是脖子长，视野开阔，性情温和，很少有攻击性，吃的叶子能转化为营养。而用"豺狗"命名负面语言，是因为豺狗的特点是个子矮小，目光短浅，性格急躁，容易被激怒，遇到攻击会快速反咬回去。下面，我们再请四位家长上台感受一下。

教师拿出长颈鹿和豺狗面具，长颈鹿耳朵向外和向内的各一副，豺狗耳朵向前和向后的各一副，四位家长上台，分别戴上面具。

师：什么是"长颈鹿语言"和"豺狗语言"呢？（PPT 出示）

长颈鹿语言：

共情自己，体会自己的感受和需要。

共情对方，体会他人的感受和需要。

豺狗语言：

指责：指责他人。

自责：责备自己。

师： 结合刚才正负语言的对比场景，当我们听到别人的批评时，豺狗耳朵向前，就代表"指责他人"，比如回击对方"你觉得我不好，你也不好"。如果豺狗耳朵向后，就代表"责备自己"，比如面对负面语言，觉得"别人说我不好，看来我真不好"。而长颈鹿耳朵向外代表"倾听他人的感受和需要"，长颈鹿耳朵向内代表"倾听自己的感受和需要"。也就是倾听他人和倾听自己。

活动二：角色扮演

师： 下面我们来一个情境设置。请戴着面具的四位家长扮演剧中的爸爸，再请一个学生扮演剧中的孩子。（PPT 出示）

情境设置：爸爸下班回到家，孩子很高兴地跑过来。

孩子：爸爸，我今天用了一天的时间画了一幅画，您看看好吗？

爸爸 1：你没有看到我在忙吗？怎么那么不懂事！

爸爸 2：我这个爸爸当得太失败了，回家了都没有时间陪孩子。

爸爸 3：宝贝辛苦了！你把画给我看，我真的很高兴，我感受到你对我很信任。只是爸爸现在需要一点时间处理事情，等我把事情处理完了，就来欣赏宝贝的画，好吗？

爸爸 4：宝贝画了一整天的画，很不容易。你想爸爸看到你的努力，所以，你想爸爸停下手里的工作，是吧？只是爸爸现在需要一点时间处理事情，等我把事情处理完了，就来欣赏宝贝的画，好吗？

家长和孩子角色扮演。

师： 请问你们喜欢哪个爸爸？

预设： 喜欢爸爸 3 和爸爸 4。

师： 确实，爸爸 3 和爸爸 4 的沟通方式更科学，那么他们是怎样沟通的呢？让我们一起来分析一下！

活动三：公式推理

第一步，分析语言。（PPT 出示）

宝贝辛苦了！你把画给我看（观察），我真的很高兴（感受），我感受到你对我很信任（感受）。只是爸爸现在需要一点时间处理事情（需要），等我把事情处理完了，就来欣赏宝贝的画，好吗（请求）？

师： "宝贝辛苦了！你把画给我看"是观察到的具体行为，是表达观察结果，而不是在判断和评价。"我真的很高兴""我感受到你对我很信任"是表达自己的内心感受，而不是自己的想法。"只是爸爸现在需要一点时间处理事情"是表达我们的需要，而不是指责。"等我把事情处理完了，就来欣赏宝贝的画，好吗"是提出具体的请求，而不是命令要求。（PPT 出示）

宝贝画了一整天的画（观察），很不容易（感受）。你想爸爸看到你的努力，所以，你想爸爸停下手里的工作，是吧？（需要）只是爸爸现在需要一点时间处理事情（需要），等我把事情处理完了，就来欣赏宝贝的画，好吗（请求）？

师： 由此可见，当我们表达需求的时候，最好用"观察＋感受＋需要＋请求"的公式。同理，沟通是双向的，当我们在倾听别人的时候，也可以用这样的方式表达出来。

（同理分析上面的"情境语言"。）

第二步，提炼公式。

师: 这里的沟通包含四个方面。（PPT 出示）

观察＋感受＋需要＋请求

师: 我们在表达和倾听时都需要从这四个方面出发。（PPT 出示）

表达：我看到／听到（　　　）＋我感到（　　　）＋我需要（　　　）＋现在我期待（　　　）

倾听：你看到／听到（　　　）＋你感到（　　　）＋你需要（　　　）＋现在你期待（　　　）

第三步，揭示原理。

师: "观察＋感受＋需要＋请求"，这是卢森堡博士的《非暴力沟通》一书中指导我们科学沟通的说话公式。这个公式能解决 90% 的沟通问题。

过渡: 接下来，我们就运用这个公式，来一场家庭现场会。

> **设计意图** 运用逆向设计教学原理，通过三个活动分析出非暴力沟通的四个关键要素，继而总结公式，揭示原理：正确沟通＝观察＋感受＋需要＋请求。如此，帮助家长更好地掌握这一万能公式。

第三环节　实践——科学的沟通模式

活动设置：家庭现场会。

师: 请我们一家三个人围坐在一起，按照要求开展家庭会。

第一步，交代情境。（PPT 出示）

要求：

1. 家长现场打开孩子快递给自己的信件，针对信件中提到的沟通问题，家人一起积极陈述自己的感受、需要、请求，并当场解决亲子问题。

2. 再请另外两名倾听者，按照公式表达听到的内容。

3. 不管是倾听还是表达，都要注意按照此公式进行：观察＋感受＋需要＋请求。

第二步，沟通体验。

家庭成员按照情境设置进行沟通体验。

预设： 这个过程需要老师的指导。

第三步，表达感悟。

家庭成员分别表达活动体验的感悟。

预设： 家长和孩子会谈到自己现在和之前沟通方式的不同。

过渡： 为了更科学地展开沟通，刚刚我们召开了家庭现场会，要求在座的各位在表达和倾听时都要按照"观察＋感受＋需要＋请求"这样的沟通方式与对方沟通。体验中大家是不是真实感受到了正确沟通带来的快乐与相互理解？我想大家的收获一定非常大。

设计意图 结合具体的情境进行实践运用，家长和孩子在体验中会真实感受到沟通公式的优势。

第四环节　扩展——沟通的问题解疑

活动设置：现场答记者问。

家长提出自己的亲子沟通疑惑，班主任在现场支招，解决其他沟通难题。班主任可从以下方面准备（具体参照《人民教育》公众号发布的文章《一线教师总结 10 种亲子沟通策略，总有一种适合你！》）：

1. 如何避免孩子与父母对抗——"非黑即白放下术"

2. 如何有效地给孩子提建议——三层叠加铺垫术

3. 如何避免事事指责孩子——分门别类过滤术

4. 如何缓和水火不容的亲子关系——预设剧本对话术

5. 说不出口的话如何进行沟通——书写便条惊喜术

6. 如何能够把夸奖孩子变成鼓励——亮点细节赋能术

7. 如何正确批评孩子才听得进去——五分钟高效能术

8. 如何拒绝孩子才有震慑力——四大强效定力功

9. 如何让孩子愿意向父母聊心事——"层层剥洋葱"术

10. 如何化解和孩子的误解——坦诚感恩道歉术

 设计意图 班主任对家长方方面面的亲子沟通问题进行解疑，并且给出方法，以实现为家庭解决现实棘手问题的目的。

会议总结

各位家长朋友，今天我们学习了沟通的万能公式：观察＋感受＋需要＋请求。这个公式，适用于很多场合的沟通。愿我们都能掌握与孩子的沟通密码，开启孩子的心灵世界，实现沟通无极限，成长才能看得见！

会议延展

（1）召开系列家长会："做一个会倾听的家长""如何与孩子共情""这样说话不伤孩子"。

（2）后续家庭活动：一周一次家庭会议，用沟通公式进行表达。

（3）阅读书籍：《正面管教》《非暴力沟通》《别让不懂沟通害了孩子》。

（4）个案辅导：安排具体时间，对亲子矛盾突出的家庭进行个别辅导。

（5）重新寄送快递：两周后，孩子们重写"爸爸妈妈，我想对你们说"，寄送快递回家。

（重庆市兼善中学蔡家校区　吴小霞）

12.

爸爸家长会：
——爸爸去哪儿

▎ 背景分析 ▎

当今大部分家庭都是"男主外，女主内"模式，不少孩子的学习和生活都是由妈妈一手操办，爸爸在家庭教育中参与度偏低。当代家庭教育呼唤父亲投入更多的时间和精力。

学生进入初二后，生理和心理发生了很大的变化，这些变化会对学生未来发展产生深远的影响。妈妈们普遍反映孩子的教育急需爸爸们的支持和帮助。为了让爸爸们能够更多地了解孩子，关心孩子，让父爱在家庭教育中不缺失，班级决定召开一次"爸爸家长会"。

本次家长会召开时间是初二上学期 9 月，参会人员是学生和父亲。

▎ 会议目标 ▎

目标	家长	学生
知识层面	了解孩子的成长情况，学会正确和孩子沟通的方式并知道如何参与到家庭教育中。	正确理解父亲的爱，懂得和父亲沟通的重要性。
能力层面	掌握并运用有效陪伴孩子的方法，增进亲子关系。	在学校和父亲的帮助下，能与父亲更好地相处。

目标	家长	学生
态度层面	认识到自己在家庭教育中的重要作用，体验和孩子相处的幸福感。	感受父亲的爱，享受成长的乐趣。

会议准备

1. 材料准备

粉笔、笔记本、黑笔等。

2. 环境准备

布置教室前后主题板报"爸爸去哪儿"，在教室里用亲子并排坐的方式排列座位。

3. 其他准备

（1）提前联合美术老师，在美术课上指导学生结合爸爸的特征画一幅爸爸的画像，并在画像空白处列举出爸爸的特点，提前张贴在课桌的左上角。

（2）在班级群内提前告知爸爸"家长会现场位置查找说明"：每个学生的桌子左上角都张贴了一张父亲画像，请各位爸爸认真查看并寻找，作为寻找自己座位的依据。

（3）在每个学生写好自己的《学生个人发展实况》的基础上，再让学生两两一组，互写补充，内容包括学生的成绩和生活能力等方面。

（4）提前剪辑制作视频《爸爸去哪儿》。

（5）请模范爸爸准备经验分享发言材料。

（6）提前给爸爸们发放调查问卷，统计结果，并制作课件。

我是这样的一个爸爸

各位爸爸，大家好！希望大家能在百忙之中抽出一点时间填写这张调查问卷，问卷结果将作为爸爸家长会的内容。感谢您的配合！

1.您觉得自己陪伴孩子的时间（　　　）。

A.很少　B.较少　C.一般　D.很多

2.在家中对孩子的陪伴，您对"父亲角色"的自我认知情况是（　　　）。

A.物质上满足孩子，陪伴可有可无

B.由母亲陪伴，父亲角色不重要

C.母亲陪伴重要，父亲角色也很重要

D.父亲角色更重要，特别是母亲角色无法替代的部分

3.当孩子和您意见不同时，您会（　　　）。

A.不理会孩子的意见，完全按自己意愿行事

B.严肃批评孩子，并要求孩子和自己保持意见一致

C.尊重孩子的意愿，寻找合适的解决办法

4.在家庭教育中，您对"父亲角色"的定义是（　　　）。

A.挣钱养家，孩子的教育我不需要参与

B.挣钱为主，有时间可以陪伴孩子

C.挣钱的同时，尽可能陪伴孩子

D.主要是教育孩子，挣钱次之

5.现阶段，您在教育孩子的过程中，最大的困难是（　　　）。

A.陪伴孩子时间少

B.不知道如何陪伴孩子

C.教育孩子的经验不足

D.家庭中教育孩子观念不一致

6.您认为在家庭教育中父亲在孩子心目中的角色是（　　　）。（多选）

A.权威者　B.陪伴者　C.朋友　D.导师

7.陪伴孩子的过程中，您会（　　　）。

A.看电视或手机，孩子自己在一边玩

B.用电脑完成自己的工作事务，但会关注孩子的动向

C.只要孩子喜欢，都愿意陪伴

D. 与孩子一起商讨做什么，用心陪伴

8. 您经常陪孩子阅读吗?（　　　）

A. 从不　　B. 偶尔　　C. 经常

9. 您觉得您是什么类型的父亲?（　　　）

A. 牛爸（学业与人格教育并重，对孩子用心引导，又给予自由空间）

B. 狼爸（主张棍棒教育，会给孩子设定条条框框）

C. 猫爸（对孩子采取个性化教育，宽容，善于和孩子沟通）

（7）提前给妈妈们发放调查问卷，统计结果，并制作课件。

您眼中的另一半

各位妈妈，大家好，希望大家能在百忙之中抽出一点时间填写这张调查问卷，问卷结果将作为爸爸家长会的内容。感谢您的配合!

1. 休息时，孩子的爸爸最常做的事情是（　　　）。

A. 读书看报　　B. 看电视、玩电脑或手机　　C. 做家务　　D. 陪孩子

2. 孩子心情不好时，孩子的爸爸能察觉吗?（　　　）

A. 常常　　B. 偶尔　　C. 基本不会

3. 关于孩子的话题，孩子的爸爸聊得最多的是（　　　）。

A. 学习习惯　　B. 学习成绩　　C. 生活习惯　　D. 兴趣　　E. 其他

4. 孩子的爸爸是否和孩子进行思想沟通?（　　　）

A. 常常　　B. 偶尔　　C. 基本不会

5. 孩子的爸爸和孩子沟通的时间一周估计有多长时间?（　　　）

A. 24 小时及以上　　B. 10 小时以上　　C. 5～10 小时

D. 2～5 小时　　E. 0～2 小时

6. 孩子的爸爸经常会过问或检查孩子的作业吗?（　　　）

A. 常常　　B. 偶尔　　C. 基本不会

7. 当孩子遇到挫折时，孩子爸爸的态度是（　　　）。

A. 帮孩子找原因，鼓励孩子继续努力

B. 简单询问，让孩子自己处理

C. 批评孩子没出息

D. 不闻不问

8. 孩子的爸爸陪孩子过生日吗？（　　　）

A. 常常　　B. 偶尔　　C. 基本不会

9. 当孩子的爸爸做了一件错事，您给他指出后，他的表现是（　　　）。

A. 承认但不改正　　B. 承认并改正　　C. 不承认错误　　D. 批评您

10. 考试成绩不理想时，孩子的爸爸通常会（　　　）。

A. 很生气，并骂孩子一顿，甚至打一顿

B. 不关心成绩

C. 和孩子一起分析没考好的原因，并鼓励孩子下次考好

D. 实行家庭冷暴力

11. 在您眼中，孩子的爸爸属于模范爸爸吗？请说出原因。

_____

12. 关于孩子的教育问题，您想对孩子的爸爸说：

_____

| 会议过程 |

师： 尊敬的各位家长，亲爱的同学们，大家好！一切为了孩子，为了孩子的一切，今天我们相聚在这里。进入初二，面对孩子身心方面的巨大变化，妈妈们深感焦虑、疲惫，希望爸爸们也能加入到孩子的教育中来，和妈妈们一起高质量地陪伴和教育孩子，助力孩子健康成长。那爸爸们想不想更好地参与其中呢？期待本次家长会后大家能给出答案。下面让我们一起走进"爸爸去哪儿"家长会！

第一环节　塑造父性形象，争做参与者

1. 一幅画像：《对画入座》

师： 各位爸爸好，会前孩子们描绘了自己心中爸爸的形象，并贴在了课桌上，请大家认真查看并寻找自己的座位。

师： 各位同学，当自己的爸爸坐好后，你到爸爸的旁边坐，如果自己的爸爸没有找到位置，请你帮助爸爸找到位置，然后自己也就座。

预设： 现场气氛热烈，部分爸爸因快速找到位置而洋洋得意，有的爸爸因找不到位置而内心焦急。

2. 一封信件：《学生个人发展实况》

师： 在孩子的桌上有一封信，内容是关于您的孩子在班级发展的情况。请各位爸爸认真查看，清楚自己孩子的学习和个人生活等具体情况。

预设： 爸爸们认真积极地参与其中，有的爸爸对信中内容充满怀疑，有的爸爸感到诧异，有的爸爸表示肯定。

3. 一份调查：《我是这样的一个爸爸》

师： 根据之前爸爸们所填写的调查问卷，我已经作好统计分析，现公示统计的结果。（PPT 出示）

 **设计意图** 通过"三个一"环节，让爸爸们关注实际生活中对孩子教育的缺失问题，并让平时较少关心孩子校园生活的爸爸们全面了解孩子的个人发展情况。

过渡： 各位爸爸，孩子的成长需要您的参与，孩子的进步需要您的见证。接下来，我们一起来看看孩子和孩子妈妈眼中的您是怎样的。

第二环节　重视父性教育，成为共育者

1.展形象：孩子眼中的爸爸

师: 请各位爸爸来看看孩子眼中的爸爸是怎样的。这里有一些好的行为，还有一些需要爸爸们重视并改进的行为。（PPT 出示）

好的行为：每天和我一起锻炼身体；每天我做作业的时候，爸爸在一旁读书；作业做完后，和我一起复盘；每周和我沟通谈话；每天送我上学……

需改进的行为：经常见不到爸爸；我说的话爸爸没有放在心上；爸爸和妈妈的感情不稳定；爸爸不关心我的进步；我和爸爸沟通很少；我害怕爸爸……

教师播放 PPT，读出有代表性的评价。

预设: 父亲或严肃，或感动。

2.评意见：妈妈眼中的爸爸

师: 各位爸爸，我提前给妈妈们也发了一份调查问卷，下面请看各位妈妈眼中的爸爸又是怎样的。（PPT 出示）

好的行为：爸爸每天和孩子交流；看到孩子心情不好时，爸爸总是第一个发觉；当孩子遇到问题时，爸爸和孩子一起分析原因和解决办法；爸爸经常关心和鼓励孩子……

需改进的行为：爸爸每次都把问题推给妈妈；很少陪孩子学习；爸爸不和孩子沟通；孩子成绩不理想时，采用语言暴力……

预设: 全体父亲作思考状。

3. 明原因：现实中需要的爸爸

师： 接下来，我用一些研究调查的结果来说明爸爸在家庭教育中的重要性。（PPT 出示）

调查一：在对全国千余名未成年犯的调查中，回答"对你产生正面影响最大的人"是"父亲"的占 39%，"母亲"则占 22.5%；回答"对你产生负面影响最大的人"是"父亲"的占 11.9%，"母亲"则占 8%。心理学研究发现，父亲对孩子的影响往往远大于母亲；同样一句肯定的话，从爸爸口中说出来对孩子的影响力会是妈妈的 50 倍。

调查二：缺乏父爱的孩子年龄越小，患"父爱缺乏综合征"的危险就越大。更令人意外的是，在双亲俱全但缺乏父爱的家庭中长大的孩子，患上"父爱缺乏综合征"的可能性更大。还有数据显示，少年时缺乏父爱的中学生，辍学率比一般孩子高 2 倍，犯罪率也高出 2 倍；如果是女孩，长大后成为单身母亲的可能性比一般女孩高出 3 倍。

调查三：爸爸爱孩子的方式与妈妈完全不同。妈妈的爱更多地倾向于保护和照顾，而这单一的目的往往决定了妈妈教育方式的单一和枯燥；爸爸的爱则不同，它或许有点粗野、狂放，但它变化多样，能给孩子带来更多的新鲜感和兴奋感。妈妈对孩子的影响更多表现为孩子能否成为一个独立的人，而爸爸则能塑造孩子对生命的看法，关系到其人格的形成。

预设： 全体父亲认真反思，严肃起来，惊讶于研究数据。

师总结： 各位爸爸，通过刚才的事例，相信大家都能认识到参与孩子教育的重要性。事业，对于大人来说是至关重要的。但为人父母，不能一味地重视事业，也应该兼顾家庭。亲情的传递和延续来自心灵！在忙于事业的同时，别忘了亲情的交流。孩子们需要的，不仅仅是物质上舒适的享受，他们更渴望的是心灵的交会，是亲情的温暖，是亲人真心的付出与关怀……

通过不同角度让父亲深深感受到陪伴孩子的重要性，并对照自己的行为，及时内省。

过渡：各位爸爸，想要参与到孩子的教育中来，到底应该怎么做呢？

第三环节　勇担父性角色，化身行动者

1. 明星爸爸的感想：爸爸去哪儿

师：我们都在忙于生计，我想那些明星或许比我们还要忙碌。我们来听听《爸爸去哪儿》第一季后那些明星爸爸的感想，并看看他们在教育孩子时又是怎么做的。（PPT 出示）

"我从来不知道宝贝对我的感情是这样的。""我没想过孩子心里能如此为我着想。""原来我不了解他的地方有这么多。""和宝贝在一起比什么事业上的成功都重要。"……

师：请爸爸们谈谈《爸爸去哪儿》中哪个爸爸给你们留下的印象最深。为什么？

预设：爸爸谈看法。

（播放《爸爸去哪儿》中正面引导孩子的视频片段）

师：看完视频，请爸爸们谈谈你们学到了什么。

预设：爸爸谈收获。

2. 模范爸爸的讲座：高质量带娃

师：根据妈妈们填写的调查问卷，我们班评出了班级模范爸爸。下面有请两位模范爸爸分享自己的育儿经，让我们掌声欢迎。

预设：模范爸爸 1 号——带娃两部曲。

尊敬的老师，亲爱的家长朋友们、同学们：

你们好！今天非常有幸和在座的爸爸们一起谈谈教育孩子的一些感受和体会，与大家一起探讨、共同分享孩子成长的经历。下面，我就孩子的教育成长谈两点感受。

1. 陪孩子一起成长。

孩子的成长是一次"单程旅行"，是不可逆的，错过了教育的最佳时机也就错过了孩子最佳的成长发展期。在陪孩子学习的过程中，孩子遇到不懂的英语单词，我们一起查字典；遇到不会做的习题，我们一起探讨解决方法……

2. 营造良好的家庭学习氛围。

（1）整洁的学习环境。

首先确保家里书桌干净整洁，桌面上只允许摆放与作业有关的书本及资料，避免孩子在写作业的时候心不在焉。

（2）对孩子的作业完成质量和时间明确要求。

学校每次发布的消息、布置的作业，我都会认真阅读。我还会认真检查孩子的作业，发现错误及时让孩子改正。

（3）为孩子提供安静的学习环境。

孩子在完成作业的过程中，家里必须保持安静。我们不会大声说话，不会看电视，更不会随时走进孩子的学习房间唠唠叨叨，教导不止。

家长朋友们，弹指一挥间，孩子们又开始新的学习征程了，我坚信：在未来的日子里，只要我们选择了一个目标去奋斗，选择一种理想去坚持，和孩子一起为美好的未来拼搏努力，相信不久的将来我们一定会看到孩子破茧成蝶！

预设：模范爸爸2号——"父"出真爱。

尊敬的老师，亲爱的家长朋友们、同学们：

大家好！今天我想和大家分享一下我平时是如何教育孩子的。

1. 关注和陪伴。

从儿子咿呀学语开始，我每天至少要花半个小时和孩子交流。那时说交流这个词虽然有些早，但我的确是在和儿子交流。直到现在，这个习惯都没改变过，温柔地对话，默默地倾听，拉近了儿子与我的距离。

2. 对于成绩的看法。

学校只不过交给学生一把钥匙，能不能开启生命的辉煌乐章，全看孩子是否不断努力自修，持之以恒。我们始终认为，学习只是孩子生活的一部分，而交朋友、看电影、出游，这些都可以让孩子的生活变得更加丰富。

3. 学习习惯。

作为孩子的爸爸，对于孩子良好学习习惯的养成，我认为用自己的行动潜移默化地影响孩子，言传身教的效果会更显著。孩子在学习的时候，我会在一边静静地看书，或者在一边认真地做自己的工作。

4. 好孩子是夸出来的。

作为爸爸，应该学会尊重孩子，赏识孩子。赞美和鼓励要及时，鼓励的力量永远比批评强大。

在我的职业生涯里，任何岗位都可以变动，唯独"爸爸"这个岗位是不可以也不能变动的，这是责任，也是义务，更是我一生最值得骄傲、最不容忽视的"职业"。我要把这个"职业"进行到底，边做边学，边学边做。一盏灯，一席话，一段路，我将一直努力，和孩子一起进步。

3. 榜样爸爸的思考：看书学陪伴

师：任何一个优秀的孩子，都不是横空出世的奇迹，而是有迹可循的因果。刚才两位爸爸的发言让我再次感到父爱的伟大，相信在座的爸爸们听完后，知道自己该怎么做。希望有更多的爸爸能成为孩子眼中、孩子妈妈眼中的模范爸爸。缺失父亲教育的孩子可能终生缺乏自我。别让"爸爸"从孩子心里消失，别让孩子总问"爸爸去哪儿"。与孩子相伴，将幸福一生！下面给大家推荐几本书。

（PPT出示爸爸书单：《再忙也要做个好爸爸》《真正的陪伴》《卡尔·威特的教育》。）

设计意图 到底该如何陪伴？如何助力孩子成长？通过明星爸爸、身边的爸爸、书本中的爸爸分别介绍了理念和想法，极具实操性，促进爸爸们转变父亲角色，化身教育行动者。

| 会议总结 |

亲爱的家长朋友们，温暖始于相遇，沟通利于互知。"爸爸家长会"的背后，是一种积极的引导，因为我们始终相信，父亲的力量足以抵挡生活中的风风雨雨，足以为孩子撑起一片蔚蓝晴空。愿所有的爸爸们，"以爱之名，全力以'父'，共育未来"。

| 会议延展 |

（1）爸爸为孩子录制 5 分钟表白视频，孩子在朋友圈晒自己的感受。
（2）每月收集一次爸爸的育儿心得，在全班分享。
（3）利用问卷星进行家长会后复盘。

您孩子的名字是：＿＿＿＿＿＿
1.本次家长会，您收获最大的一点是什么？
2.本次家长会开完后，您准备怎么做？
3.关于爸爸高质量陪伴，您需要老师提供什么帮助？

（河南省济源第一中学初中部　王潇潇）

13.

自律培养：
培养学生的自控力

︱ 背景分析 ︱

《家庭教育促进法》第二章第二十二条写道："未成年人的父母或者其他监护人应当合理安排未成年人学习、休息、娱乐和体育锻炼的时间，避免加重未成年人学习负担，预防未成年人沉迷网络。"由此可见，未成年人往往缺少自控力，帮助他们培养自控力，是父母的责任之一。

初二是一个容易出现两极分化的阶段。根据调查和家长反馈，班级大部分学生在此阶段出现了上课走神、作业拖拉、情绪糟糕、沉迷网络等现象。究其原因，主要是缺少自控力。因此，家长高度重视培养孩子的自控力就显得尤为重要。

本次家长会召开时间是初二下学期开学初，参会人员是学生和家长。

︱ 会议目标 ︱

目标	家长	学生
知识层面	了解培养孩子自控力的方法。	了解自控力缺失的原因，学会增强自控力的方法。
能力层面	运用自控力培养方法，帮助孩子增强自控力。	能够培养并增强自己的自控力。

目标	家长	学生
态度层面	以积极的态度参与到孩子的自控力培养中，引导孩子健康成长。	积极进行自控力训练，在老师和家长的帮助下，做一个有自控力的孩子。

会议准备

1. 材料准备

信封、A4 纸、座签、黑色签字笔、学生志愿者绶带、矿泉水等。

2. 环境准备

多功能教室，座位能够容纳全班学生及其家长，并且有一个可供展示的舞台。

3. 其他准备

（1）印发家长会邀请函和《给班主任的一封信》，提前发给家长。

（2）下载视频《棉花糖实验》、背景音乐《春野》。

（3）学生和家长根据书信内容提前排练好小品。

（4）提前安排一名学生助手，当家长发言时把内容记录在黑板上。

（5）在教室两边拉两条横幅："真正的自由，是在所有时候都能控制自己。（蒙田）""能约束自己的人，最有威信。（塞涅卡）"

会议过程

师：尊敬的各位家长，亲爱的同学们，大家好！俗话说："初一不分上下，初二两极分化，初三天上地下。"孩子进入初二，正处于两极分化的关键时期，作为家长，我们应该怎样帮助孩子，让他们成长得更好呢？今天的家长会将给您想要的答案，一起来期待吧！（PPT 出示）

如何培养孩子的自控力？

第一环节　展读书信，明自控力缺失之害

师：在暑假期间，我收到了一封来自我们班一位家长的信，在征得这位家长的同意后，我把这封信念给大家听听。

尊敬的 ×× 老师：

您好！非常抱歉在暑假打扰您！我是小 A 的家长，在家庭教育方面，我遇到了困难。具体情况如下：

小 A 的暑假生活毫无规律，经常睡到中午才起床。我催促他做暑假作业，他总推脱说后面还有很长的时间，于是继续玩。有时我严厉批评他，他才勉强开始做。做作业时，他一会儿望望窗外，一会儿翻翻抽屉，一会儿上趟厕所，一会儿吃点零食……一天过去了，作业还没有写到一页。在我苦口婆心地劝说下，他表现稍好一点，但坚持不了两天，又故伎重演了。快开学了，他开始疯狂赶作业，经常做到凌晨 2 点。我非常担心他的身体，提醒他早点睡觉，他却冲我大喊大叫："我的事情不要你管，你出去！"一言不合就重重关门，让我很担心。可是一有好朋友邀请他出去打游戏或者吃火锅，他就立即停止写作业，飞快跑出去……

小 A 现在的学习状态越来越差，作为家长，我该怎么办？请老师帮帮我！万分感谢！

小 A 家长

师：信读完了。请问各位家长，您孩子的身上也有小 A 同学的表现吗？如果有，请举手。

师：我看现场有大部分家长都举手了，看来这封信引起了大家的共鸣。其实，小 A 同学之所以有上述表现，是缺少一种非常重要的能力，大家说说是什么能力。

预设：

（1）缺少自觉学习的能力。

（2）缺少控制情绪的能力。

（3）缺少果断拒绝的能力。

师： 我把大家的说法归结为一点，就是缺少自控力。什么叫自控力？请看大屏幕。（PPT 出示）

自控力，即自我控制的能力，具体指个体为能实现自己的目标或满足社会期待，在当下能够对自己的心理和行动上进行一定的控制和约束的能力。

——百度百科

自控力，就是控制自己的注意力、情绪和欲望的能力。

——凯利·麦格尼格尔《自控力》

过渡： 通过展读书信，我们看到了孩子自控力缺失的表现，并明白了什么叫自控力。接下来，我们一起分析自控力缺失的原因。请大家打开桌上的信封，拿出刚刚我读的这封信，再次阅读。

 设计意图 通过展读家长的来信，创设真实情境，解决真实问题，水到渠成地提出自控力的概念，并为下一个环节作铺垫。

第二环节　细读书信，析自控力缺失之因

师： 大家静静地阅读 3 分钟，再思考 2 分钟。5 分钟后，请各位家长就小 A 同学缺失自控力的原因谈谈自己的看法。

5 分钟后，家长开始发言，学生助手将家长发言的内容写在黑板上。

预设：

（1）注意力不够，学习上不能自控。

（2）逆反心增强，情绪上不能自控。

（3）玩耍心很重，诱惑上不能自控。

（PPT 出示）

　　学习不能自控，情绪不能自控，诱惑不能自控。

过渡： 第二个环节我们找到了小 A 同学自控力缺失的原因，接下来需要对症下药，帮助小 A 家长寻找自控力培养的方法。现在全班家长分为三组，分别就学习自控、情绪自控和诱惑自控三个方面探索解决问题的方案。讨论时间 5 分钟，每组选一名家长代表，并请家长代表记下讨论的要点，以备下一个环节发言时用。

 设计意图 上个环节通过展读书信，家长对书信内容有了感性认识，这个环节再次阅读，进行理性分析，帮助家长明确自控力缺失的原因，为下一个环节作铺垫。

第三环节　研读书信，寻自控力培养之法

师： 讨论完成后，现在请每组选五位家长来到舞台上，一起做《左抓右逃》的游戏。

1. 体验游戏，寻找方法

（1）游戏规则。

①大家手拉手围成一个大圈，先伸出左手掌心向下，再伸出右手，食指朝上，再把你的左手放在相邻同伴的右手食指上。

②老师读故事《乌鸦和乌龟》，当出现乌鸦、乌龟这两个词语中的任何一个时，请马上用左手去抓同伴的右手食指，同时把你的右手食指快速从同伴的左手抽出来。

③如果你的右手食指被抓住，或者你的左手没有抓住别人的右手食指，

那么你就被淘汰了，在听的过程中抓错了也要被淘汰。（现场学生做裁判员）

（2）游戏引导语。

森林里有一座小小的城堡，里面住着可怕的巫婆和她的仆人乌鸦。突然有一天，天上慢慢飘来一片片乌云，转眼间就乌黑乌黑的，什么也看不见，不一会儿就下起了大雨。在狂风暴雨中，巫婆听到有人在敲门，开门一看，原来是一只乌龟，还有一只乌贼。它们要求巫婆让它们进屋。巫婆同意了，可是乌鸦不同意，它和乌龟是多年的宿敌。雨越下越大，大家也越吵越凶，乌贼指着乌云对巫婆说："雨这么大，乌鸦却不让我们进去，我和乌龟都会生病的，再不开门，我一定会让你的城堡变得乌烟瘴气。"最后，巫婆还是没有给它们开门。没多久，雨停了，太阳出来了，乌云也散了，巫婆和乌鸦这才打开门，看见乌龟已经冻得缩成一团。

——殷振洋《懂心理，带好班》

（3）采访最后成功的家长。

①在游戏过程中，你必须做的事是什么？

②在游戏过程中，你必须避开的事是什么？

③你最终想要达到的目标是什么？

预设： 必须做的事是抓住别人的手指，自己不被抓住。必须避开的事是注意力不集中，被别人抓住。最终想要达到的目标是成功留到最后。

师： 刚刚这位家长的回答其实是"自控力三部曲"，即我要做、我不要、我想要。（PPT 出示）

我要做：必须完成的事。

我不要：控制外界干扰。

我想要：希望达成目标。

——凯利·麦格尼格尔《自控力》

过渡： 下面我们用"自控力三部曲"来探究学习自控的方法。

2. 学习自控：目标导向法

师： 现在请第一组的家长代表来分享上一个环节小组讨论的结果。

预设：

（1）要想学习自控，家长要帮助孩子确定目标、制订计划。

（2）定好目标后，家长要在孩子学习时减少干扰。

（3）家长要适当监督孩子是否围绕目标在行动。

（4）针对目标完成的情况，家长要给孩子适度的奖惩。

师： 这位家长善于活学活用，说得非常到位。学习自控力不是一蹴而就的，需要家长慢慢培养。我推荐一款时间管理器——番茄钟计时器，帮助孩子控制自己，专心学习，提高效率。（PPT 出示番茄钟计时器图片）

师： 番茄钟计时器是怎么管理时间的呢？首先选择一个待完成的小目标，将番茄时间设为 25 分钟，专注工作，中途不允许做任何与该任务无关的事，直到番茄时钟响起，然后短暂休息 5 分钟，再开始下一个番茄时段。每四个番茄时段延长休息时间 5 ～ 10 分钟。

3. 情绪自控：正念冥想法

师： 现在请第二组家长代表来分享上一个环节小组讨论的结果。

预设：

（1）要想孩子对情绪自控，家长不要对孩子粗暴冷漠。

（2）家长要多和孩子沟通交流。

（3）家长可以教给孩子正念冥想的方法。

师： 第二组家长的方法不仅多，而且比较专业，特别是其中提到的"正念冥想法"，让我们眼前一亮。什么是正念冥想法呢？请看大屏幕——（PPT 出示）

正念冥想是一种专注于当下、觉察自身感受和情绪、减少负面反应的冥想方法。

它的核心思想是：通过觉察当下的体验，让自己更加意识到自己的感受、情绪和思维过程，从而减少对于这些感受和情绪的抵抗和判断。

师：下面，请各位家长根据我的提示，现场体验正念冥想法的妙处。（播放轻音乐《春野》）

第一步：专注呼吸。请家长和学生坐正坐直，双手平放在大腿上，身体放松，闭上眼睛，什么事情都不想。用鼻子深吸一口气，用嘴巴缓慢地吐出。重复吸气和呼气五遍，感受吸气和呼气的节奏。

第二步：身体扫描。想象你的觉知就像一道柔和的光束，从头顶开始，慢慢向下移动，从头顶到额头、眉毛、眼睛、太阳穴、耳朵、面颊、鼻子、嘴、下巴、脖子、胸腔、腹部、背部、双臂、手指、肌肉、骨骼、腹腔、臀部、小腿、脚掌、脚趾等。让这束觉知之光照进你身体的每一个地方，从上到下，从下到上，从外到里，从里到外。

第三步：蓝图构想。请面带微笑，放慢呼吸，用愉悦的心情想象一幅美好的画面。可以是大自然中的一处好风景，可以是一家人其乐融融散步的情景，可以是中考后领到录取通知书时的画面，也可以是聚光灯下自己优美的舞蹈……慢慢地、慢慢地进入到这个美好的画面中。

好了，正念冥想练习结束，请睁开双眼，回到现实世界。我来采访几位家长和学生的感受。

预设：

（1）感觉内心特别平静。

（2）烦恼顿时没有了。

（3）内心的压力变小了。

（4）没有之前焦虑和紧张了。

师：我很认同大家的感受，这就是正念冥想法带给我们的好处，对情绪调节、压力释放、心理疏导等方面的作用都非常大。家长可以每周找一个固定的时间，带着孩子一起练习正念冥想，久而久之，孩子的情绪自控力就会慢慢变强。

4. 诱惑自控：延迟满足法

请第三组的家长代表来分享上一个环节小组讨论的结果。

预设：

（1）教会孩子学会拒绝。

（2）帮助孩子避开诱惑。

（3）不知道还有什么方法，请老师指点。

师： 第三组的家长在讨论时遇到了一些困难。的确，在这个物欲横流的时代，成年人要想抵制诱惑都很困难，更何况孩子呢。接下来请观看一个心理实验的视频，寻找诱惑自控的方法。（播放视频《棉花糖实验》）

视频内容：

在一个小房间里，有十几位受邀的孩子坐在桌前，桌上有他们爱吃的棉花糖。研究人员告诉他们有两种选择：一是马上吃掉棉花糖，二是等研究人员15分钟后回来再吃，这样就可以再得到一颗棉花糖作为奖励。在棉花糖的诱惑面前，孩子们的表现不一，有的捂住眼睛，有的背转身体，有的拿起棉花糖又放下，有的轻轻舔一口，有的忍不住直接吃掉……能坚持15分钟的孩子很少。

师： 视频看完后，请大家猜猜这些孩子后来的发展情况怎样呢。

师： 下面让我们一起来看大屏幕——（PPT 出示）

沃尔特·米歇尔（Walter Mischel）跟踪调查结果时发现，当年马上吃掉棉花糖的孩子通常难以面对压力，注意力不集中，而且很难维持与他人的友谊。能为自己想获取的奖励坚持忍耐更长时间的小孩，通常具有更好的人生表现，如更高的教育成就、更好的身体质量等。

师： 这个视频告诉我们什么道理呢？那就是家长要教孩子学会延迟满足，告诉他们在面临种种诱惑时，要控制自己的即时冲动，把目光放长远一些，想想更大的好处。

师： 那么，家长怎样运用延迟满足法呢？以书信中的小 A 为例，当他面临同学邀约玩耍的诱惑时，家长可以这样告诉他："你把手中的作业认真完成后，可以出去多玩一个小时。"这就是延迟满足，不仅满足了小 A 玩耍的愿望，也让他完成了作业，增强他抵抗诱惑的自控力。

过渡： 家长们，这一环节，我们一起了解了自控力培养的三种方法，如果这三种方法运用恰当，将会带来怎样的效果呢？接下来进入家长会的最后一个环节。

设计意图 这一环节通过游戏体验、正念冥想、观看视频等方式，让家长学会帮助孩子掌握自控力的方法，使家长会重点突出，难点突破，也让现场家长收获满满。

第四环节　演读书信，验自控力培养之效

师： 下面，请各位家长再次拿出书信，一起来欣赏根据书信内容排演和改编的两个小品。

第一个小品：请一位家长和同学表演原书信的场景内容。（提前排练）

第二个小品：另外请一位家长和同学在原书信的基础上，加入本次家长会探讨的三种自控力培养方法，对原书信进行改编后表演。（提前排练）

表演完成后，分别采访第一个小品和第二个小品中家长的内心感受。

预设：

第一个小品的家长：孩子没有自控力让家长很头痛，对孩子的成长也不利。作为家长，遇到问题不能干着急，要寻找解决问题的方法。

第二个小品的家长：用科学的方法培养孩子的自控力，效果确实很好。没有教不好的孩子，只有不懂方法的家长。

设计意图 这一环节通过还原书信情境和改编书信情境，把自控力培养的方法运用于实践，既照应了第一环节，又通过对比，让家长看到拥有自控力的好处。

会议总结

亲爱的家长朋友们，今天的家长会，我带着大家一起了解了自控力对孩子的重要性，并学习了培养自控力的方法，帮助小 A 家长解决了实际问题。希望大家根据自己的实际情况灵活运用目标导向法、正念冥想法、延迟满足法，帮助孩子学会学习自控、情绪自控和诱惑自控，平稳度过初二关键期。

会议延展

（1）共写亲子日记《自控力培养，我们一起努力》，内容围绕家长会后孩子增强自控力的表现来写，每周星期一上交，班主任批阅后，给予帮助和指导。活动持续到期中考试之前。

（2）半学期总结时，根据学生的表现，给真正有自控力的学生颁发奖状，并对其家长进行奖励。

（3）班主任对自控力培养还有困难的家庭进行跟踪指导，了解其原因，并给予真诚的关心和帮助。

（重庆市第十一中学校　张艳群）

14.

手机网络：
—— 你好，手机！

| 背景分析 |

随着科技的发展和手机的日益普及，智能手机已经深入到生活的方方面面，越来越多的孩子拥有了自己的智能手机。有的学生将手机作为学习辅助工具为己所用，而有的学生过度使用手机、沉迷网络，严重影响学习、生活、心理等各个方面。为此，教育部办公厅印发了《关于加强中小学生手机管理工作的通知》。由于初中生自制力相对薄弱，助力家长引导学生辩证看待手机带来的影响，正确处理手机引发的诸多问题，让孩子从"会用手机"成长为"慧用手机"，显得尤为重要。

本次家长会召开时间是初二下学期期中考试后，参会人员是学生和家长。

| 会议目标 |

目标	家长	学生
知识层面	了解孩子手机使用的现状；知道使用手机的利弊；掌握正确处理因手机引发亲子问题的方法。	了解手机带来的利弊；掌握合理管控手机的方法；掌握正确处理因手机引发亲子问题的方法。

目标	家长	学生
能力层面	提升情绪管控能力和有效处理因手机引发亲子问题的能力。	提升自省能力和合理使用手机的能力。
态度层面	以开放的姿态，积极引导孩子理性使用手机，与孩子约法三章。	正确对待信息科技带来的便利，让手机助力自身成长。

会议准备

1. 材料准备

情景表演稿；每组 3 张 A3 白纸；每组 4 种颜色的大头笔，每种颜色各 2 支。

2. 环境准备

（1）UMU 互动学习平台（不会使用 UMU 平台的教师可以用问卷星、微信群或 PPT 代替，但效果略差）。

（2）联网的多媒体教室，室内 4 张桌子拼在一起成四方形大桌（每 4 个家庭一组，整场会议以此为单位进行，包括后续的延伸工作）。

3. 其他准备

（1）家长和孩子的心声音频。

（2）腾讯智影制作的数字人播报。

（3）会前发放邀请函，邀请家长和孩子共同参加家长会。

会议过程

师：（在 UMU 互动平台上显示签到二维码）请家长们拿出手机扫码签到。（签到头像即刻在大屏幕上呈现）

师： 随着信息科技的发展，智能移动应用已经深入到我们生活的方方面面，手机已经成为我们日常生活的重要工具。手机在给我们的生活带来诸多便利的同时，也给我们带来了一些问题，甚至引发了亲子矛盾。我们该如何正确地看待手机，如何理性地拥抱手机，让手机助力同学们的成长呢？今天，我们一起来探讨这些问题。

第一环节　知现状——时间都去哪了

师： 下面进行一个测试——"时间都去哪了"，一起来看看我们使用手机的情况。请孩子们答题结束后，利用家长的手机在 UMU 互动平台讨论区输入答题结果。

1. 测前准备：UMU 平台展示 MPAI 量表
请大家准备一张纸，将题号和选项记录好，以备计算得分。
自测题共 17 题，用时 15 ～ 20 分钟。

2. 测试开始
（PPT 出示）

本问卷是一个关于手机使用的调查，请根据你的实际情况如实回答：
A. 从不；B. 有时；C. 偶尔；D. 经常；E. 总是。
1. 你被告知你在手机上花的时间太多了。
2. 你的朋友和家人抱怨你对手机的使用。
3. 你试图向别人隐瞒你在手机上花了多少时间。
4. 你发现自己使用手机的时间比预期的长。
5. 你花在手机上的时间总是不够。
6. 你尝试减少使用手机但没有做到。
7. 因为花时间在手机上而导致你失眠。

8. 一段时间内，你全神贯注地玩手机导致错过了一个电话或消息。

9. 如果一段时间你没有检查消息或打开你的手机，你会感到焦虑。

10. 你发现要关闭自己的手机非常困难。

11. 没有手机你会不知所措。

12. 当你感觉被孤立时，会用手机跟其他人通话。

13. 当你感到孤独时，会用手机给别人打电话。

14. 当你情绪低落时，会玩手机让自己感觉好一点。

15. 你发现当自己需要做其他事情的时候常常还忙于玩手机，而这会引发问题。

16. 你使用手机的时间太多，直接结果是你的创造力下降了。

17. 曾经有几次你宁愿玩手机也不愿意去处理更加紧急的事情。

3. 分数统计

（1）选项得分。

A. 从不：1分；B. 有时：2分；C. 偶尔：3分；D. 经常：4分；E. 总是：5分。

（2）分数统计。

17～33分：没有依赖；34～51分：轻度手机成瘾；52～68分：中度手机成瘾；69～85分：重度手机成瘾。

UMU 互动平台大屏幕即刻显示调查结果。

过渡： 通过刚刚的调查，我们了解到同学们使用手机的现状。我们之所以离不开手机，是因为它确实给我们带来了便利。然而，它同时也带来了一些不利的影响。现在请大家拿起手上的纸，现场再讨论一下青少年使用手机还有哪些利弊。

 设计意图 通过现场调查的数据，直观地呈现班级孩子手机使用现状，为后续讨论手机使用的利弊、引导学生正确对待手机作铺垫。

第二环节　明利弊——你让我欢喜让我忧

1. 初中生使用手机利弊讨论

（PPT 出示）

1. 学生的活动：(1) 4 个家庭的孩子为一组，进行讨论。(2) 讨论方法：
"餐桌布讨论法"，每位组员围绕手机使用的利弊进行 3 ~ 5 分钟的独立思考，
并把关键词记录在面前海报纸的一角或一边上。全组一同转动海报纸，让每
位组员了解其他组员的想法并进行补充。(3) 将讨论结果拍照上传至 UMU
互动平台。

2. 家长的活动：父母利用手机在 UMU 互动平台的讨论区中讨论。

UMU 平台大屏幕展示学生拍照上传的讨论结果并展示家长的讨论结果，
由家长进行小结。

预设： 学生列出多项使用手机的优点，家长普遍认为使用手机的弊端更
多，最好不使用。

2. 手机利弊说

师： 下面我们来听听专家对青少年使用手机的利弊说。

数字人播报（以下内容用腾讯智影做成数字人播报进行播放）：

青少年使用手机之"利"：

1. 保持通信。接打电话、收发信息等。

2. 助力学习。查找资料、答疑解惑、丰富学习方式，提高学习效率。

3. 拓宽知识。观看新闻资讯、了解时事热点等。

4. 娱乐放松。听音乐、适当看剧、偶尔玩益智游戏等。

5. 便利生活。线上购物、网络问诊、驾驶导航等。

青少年使用手机之"弊"：

1.危害健康。

大量资料研究表明，低强度电磁辐射长期照射会影响人的身体健康，主要表现为使人的记忆力丧失、睡眠紊乱、心里烦躁、头痛、头昏、乏力、失眠、脱发等。

经常使用手机可造成学生理解力、反应力、记忆力明显下降，听觉受损，免疫功能失调，长期使用手机可能会增加神经衰弱症状的发生率。

2.浪费时间。

不加节制地使用手机，刷视频、看小说、玩游戏、聊天等，浪费了宝贵的学习时间。

3.破坏专注力。

4.影响人际关系。

影响与父母的关系（亲子关系冲突）。

影响与教师的关系（师生关系紧张）。

影响与同伴的关系（人际关系冷漠）。

师： 使用手机有利有弊，但是大家是否发现一个问题，父母基本觉得使用手机弊大于利甚至根本就没有好处，最好不要用？究竟是什么原因呢？

现场采访一两位学生和家长。

预设：

家长：不放心，担心孩子因网络被骗、学坏；不了解孩子使用手机的真实情况，不清楚孩子是在学习还是在玩乐；孩子玩手机以娱乐为主，且缺乏节制，担心孩子学业受影响；手机常常会引发亲子冲突。

学生：我们没能让父母放心，父母觉得使用手机浪费时间；长时间使用手机危害我们的健康；我们没能处理好父母与手机的关系，父母对手机的强势管教激发亲子冲突。

过渡： 我们该如何正确地面对和处理呢？先来进行一个情景表演吧。

通过孩子视角、家长视角、专家视角明晰手机使用的利弊，可以更加全面、理性地分析手机带来的影响。

第三环节　听心声——那些欲说还休的话

1. 情景表演

（PPT 出示）

故事情节：小瑞的妈妈今天因为要加班，暂时没回家。小瑞的爸爸拖着疲惫的身躯，下班回到家。推开小瑞的房间门，看到小瑞戴着耳机正在玩手机……（画面定格）

师： 请同学们代入爸爸的角色思考，此时此刻，爸爸可能做什么？请同学们把爸爸要做的动作、表情表现出来，并用爸爸的语气说出他要说的话。请家长们代入孩子的角色，把孩子要做的动作、表情表现出来，并用孩子的语气说出他要说的话。

现场表演一：两位学生、两位家长。

预设：

家长：父亲生气，批评孩子；父亲怒摔手机。

学生：马上放下手机，语无伦次地狡辩；生气，指责父亲摔手机。

师： 请大家思考另一种可能性，爸爸会不会没有指责孩子？会不会坦诚地与孩子交流刚刚发生的一幕？请家长们代入孩子的角色，请同学们代入爸爸的角色，此时此刻，爸爸会做什么？孩子会做什么？

现场表演二：一位学生、一位家长。

预设：

家长：父亲控制自己的情绪，考虑孩子学习后感到疲惫，回来玩一会儿游戏放松一下也是可以理解的。平和地与孩子交谈，允许孩子玩 10 分钟游戏，然后开始学习。

学生：坦诚地对父亲说，学习了一天感到疲惫，想玩会儿手机放松一下，过一会儿就学习。

现场采访：谈一谈看了情景表演的感受。

预设： 观看表演一时，会觉得难受，会想反抗，会破罐子破摔；观看表演二时，愧疚、会想做好、会主动改正；也可能当时有触动，下一次又犯。

教师从以下几个方面引导：

（1）针对家长：①先解决情绪再解决问题。父母作为成年人，应该避免用冰冷的语言责骂孩子、摔手机等，要用理性的方式表达自己的想法。这样，孩子也会用理性的方法解决问题。②从孩子的角度思考问题，理解需求，走进孩子的内心。③心平气和地和孩子沟通。

（2）针对孩子：①坦诚地与父母沟通。②学会合理地安排时间。

过渡： 看完情景表演后，家长和孩子都谈了自己内心的感受。萨提亚"冰山理论"说，一个人的"自我"就像一座冰山，我们能看到的只是表面很少的一部分——行为，而更大的一部分——内在世界却藏在更深层，不为人所见。我们都需要探寻彼此的内在世界，从中寻找出问题解决之道。所以，很多时候，我们需要停下来，静下来，听听彼此的心声，看看彼此内心深处真正的需求。这样才有助于我们更好地沟通，有助于问题的解决。

下面，我们一起来倾听父母和孩子的心声。

 设计意图：通过角色互换的方式，让孩子和家长站在彼此的角度思考问题，从而促进家长和孩子相互理解和体谅。

2. 播放心声音频

孩子的心声参考稿：

1.爸爸妈妈，你们不要一看到我拿起手机就生气，好吗？有时候我是在做听说作业，有时候我是在查资料，有时候我是在跟同学交流。我长大了，我需要独立的时间与空间。

2.有时候，我玩手机只是想缓解一下学习的压力。爸爸妈妈，每次你们一看到我使用手机，就不分青红皂白地骂我。这让我很难过。

父母的心声参考稿：

1.孩子，你总是说"等看完这个，时间一到我就去学习""等玩完这局游戏，我就去……"可事实上，你经常没能控制自己，遵守承诺，于是我们的冲突就发生了。孩子，你还小，妈妈担心你沉迷于玩手机，荒废了青春。人生总有那么要紧的几步，比如这中学的求学时光，错过了就永远不再来，最后，悔不该当初。

2.自从你迷上手机后，运动少了，待在房间里的时间长了，妈妈真担心你的视力下降，担心你的身体素质变差。

过渡：听完彼此的心声后，大家都安静了。生活中，我们需要倾听、理解、沟通。在科技迅速发展的时代，手机已经成为我们生活中的重要工具。"禁"和"堵"不如"疏"。真正有害的不是手机，而是被手机破坏的亲子关系，是错误使用手机的态度。那么，我们还有哪些手机管理小妙招呢？

 通过倾听彼此的心声，进一步增进孩子与家长之间的理解，建立情感联结，促进亲子关系。

第四环节　商对策——携手同行向未来

1.聚焦问题

师：请家长和孩子谈一谈，手机管理中最重要的两个方面是什么？

预设：手机使用时间点和时长以及手机使用的内容。

2.献言献策

师：请家长和孩子谈一谈，大家有哪些手机管理小妙招（特别针对上面提到的两个方面）？

家长发言，教师总结。(PPT 出示)

1. 远离手机。一项心理学实验研究表明，与手机共处一室会占用人的大脑认知资源。因此，为避免手机对自己无意识的影响与吸引，学习时不与手机共处一室。

2. 科技管理。(手机投屏，现场演示：微信、抖音等不同平台的儿童和青少年模式；推荐防沉迷软件，如抬头、远离手机 App 等。)

3. 重在引导。引导孩子多思考：于学生而言，使用手机的"利"何在？有些孩子喜欢跟着手机音乐 App 学唱歌，或学习制作视频等，也是多元发展的好途径。

4. 立标定规。帮助孩子树立目标，制定使用手机规划。

过渡： 30 年前，人们惊呼流行音乐会毁掉下一代；20 年前，人们惊呼电视会毁掉下一代；10 年前人们又惊呼，电脑和网络会毁掉下一代。今天，人们又开始惊呼手机会毁掉下一代。其实，没有任何力量可以毁掉我们的孩子，毁掉孩子的不是外物，而是自己那颗禁不住诱惑的心。《劝学》中有言："君子生非异也，善假于物也。"我们应该培养孩子的自控力，正确处理孩子与手机的关系，让手机助力孩子的学习与生活，成就未来。那么，现在我们就一起来把握使用手机的"度"，制定手机使用规则和监督机制。

 通过家长的发言、现场演示，教会家长和孩子一些切实可行的手机管理办法，让手机助力我们的学习和生活。

3. 我们的规则我做主

(PPT 出示)

要求：

1. 以使用手机的"利"为出发点，每组 4 个家庭孩子与家长一起制定手

机使用规则。（餐桌布讨论法）

2.建议：根据孩子的具体特点，从使用时长、场景、内容等方面进行约定。

3.讨论结果签名并拍照上传到 UMU 互动平台讨论区。

UMU 互动平台上传规则参考如下：

1.不把手机带入卧室，睡前和起床后不看手机。

2.在与其他人交流或用餐时，手机静音，屏幕朝下放置。

3.上学日，包括周日晚上，手机只用于学习；周末，可使用手机一小时，放松自我。

4.删除游戏、视频、购物等娱乐 App。

5.退出社交媒体的登录，周末登录时长不超过一小时，并且设置固定的登录时间。

6.限定每周在固定的时间休闲放松，并且设定时长。

7.关闭所有的通知提醒，设定固定的查看和回复时间。

8.培养多元兴趣与爱好，努力成为一个有趣的中学生。根据自己的爱好，制订利于职业发展的自学计划。

4. 携手同行向未来

（PPT 出示）

1.4 个家庭孩子与家长一起制定《使用手机公约》。（餐桌布讨论法）

2.将讨论结果上传到 UMU 互动平台讨论区，进一步完善《使用手机公约》。

设计意图 通过家长与孩子一起制定切实可行的手机使用契约和监督机制，把主动权交给孩子，变"要我做"为"我要做"，最后，一起形成成长共同体，互帮互助，携手共进。

会议总结

今天我们一起探讨了初中生使用手机的利弊，倾听了彼此的心声，我们还一起制定了手机使用规则和家庭共同体监督机制。手机只是一种信息接收和交流的工具，它本身并无好坏之分，主要取决于怎么使用它。我们要提高自控力，正确地拥抱手机，让手机助力我们成长。

会议延展

（1）打印《使用手机公约》，家长和孩子签名后，张贴到书桌前。

（2）全班开展"我能遵守手机公约"比拼之个人赛和小组赛。各小组把遵守公约的情况填入表格，贴在教室的墙上。每周小结一次，每月评比一次。

我能遵守手机公约								
姓名	学习日（能遵守打√）					周末		挑战结果
	周一	周二	周三	周四	周五	周六	周日	
小组总结及下周目标								

（3）家长阅读《正面管教》《不吼不叫》，定期开展线上读书会。

（广东省佛山市禅城区绿岛湖学校　赵慧苹）

（广东省佛山市第十中学　李柏颖）

15. 感恩教育：
—— 你若心怀感恩，便可温暖前行

| 背景分析 |

感恩是中华民族的传统美德。教育部印发的《中小学文明礼仪教育指导纲要》中初中文明礼仪教育之"交往礼仪"第一条就明确提出要"理解父母，懂得感恩"。家庭是感恩教育的主要阵地。家长要通过自己的言传身教影响孩子，增强感恩意识，强化感恩行为。

初二正是青春期最特殊的时期，俗称"中二（期）"。这时候的孩子自我意识增强，却往往以自我为中心，不能站在他人的角度看待问题，对父母、老师、社会等缺乏感恩之心。

本次家长会召开时间是初二下学期 6 月，参会人员是学生和家长。

| 会议目标 |

目标	家长	学生
知识层面	明确感恩教育的意义，掌握感恩教育的核心内容。	能够说出感恩教育的三点内容。
能力层面	引领孩子以感恩父母为基础，发现生活中的美好；培养孩子感恩父母、老师、社会、自然等的行为。	能用自己力所能及的行动，呈现自己的感恩之心。

目标	家长	学生
态度层面	审视感恩教育的必要性；乐意参与感恩教育。	用积极的心态表达感恩；培养感恩父母、尊敬老师、信任社会、敬畏自然的情感。

| 会议准备 |

1. 材料准备

感恩教育小调查（学生版与家长版）、苹果、学生"感恩卡"、家长"寄语卡"、奖状、"感恩少年"生活照片等。

感恩教育小调查（学生版）

各位同学，你希望自己是一个怀有感恩之心的人吗？你了解感恩的内容吗？

我们现就"感恩"相关问题作一个问卷调查，请如实填写。如果涉及隐私，我们一定帮你保密。

1. 你知道父母的生日吗？（　　　）

A. 知道　　B. 不知道　　C. 记不清

2. 你会在父母生日时送礼物吗？（　　　）

A. 会　　B. 不会　　C. 没必要

3. 你清楚父母最爱吃的小吃是什么吗？（　　　）

A. 清楚　　B. 不清楚　　C. 没关注过这个问题

4. 当父母批评你时，你会怎么做？（　　　）

A. 父母的教诲一定得听从

B. 觉得有道理就听，没道理就不听

C. 他们就是想管我，我才不听

5. 当你在路上遇到老师时，你会主动问好吗？（　　　）

A. 会　　B. 不会　　C. 无所谓

6. 你向老师请教问题，老师耐心讲解到你真正理解后，你会表示感谢吗？（　　）

A. 会　B. 不会　C. 无所谓

7. 你乘坐公共汽车，有老年人上车后站在你身边，你会怎么做？（　　）

A. 起身让座　B. 别人让我再让　C. 把头转向一边

8. 对于每周一举行的升国旗仪式，你的看法是（　　）。

A. 认真参与唱国歌行注目礼　B. 形式而已，敷衍一下

C. 浪费时间，不如写完作业

感恩教育小调查（家长版）

各位家长，您希望孩子是一个怀有感恩之心的人吗？您了解感恩的内容吗？

我们现就"感恩"相关问题作一个问卷调查，请您如实填写。如果涉及隐私，我们一定帮您保密。

1. 您家里有（　　）个孩子。

A. 一个　B. 两个　C. 三个　D. 四个

2. 您的孩子知道您的生日吗？（　　）

A. 知道　B. 不知道，但我想应该让他知道

C. 不知道，我觉得这个无所谓

3. 您的孩子会在您生日时向您表达祝福吗？（　　）

A. 每年都会　B. 有时会　C. 偶尔会　D. 从来都不会

4. 你清楚孩子最爱吃的零食是什么吗？（　　）

A. 知道　B. 不知道　C. 没必要知道

5. 您的孩子与老师的关系怎样？（　　）

A. 孩子很尊敬老师　B. 孩子畏惧老师　C. 关系一般

6. 坐公共汽车时，您经常给老人、孕妇和抱小孩的乘客让座吗？（　　）

A. 经常会　B. 偶尔会　C. 从来不会

7. 您觉得儿童缺乏感恩意识的原因在于（　　）。（多选）

A. 学校教育　B. 家庭教育　C. 社会环境　D. 孩子本身

8. 您认为儿童上学期间进行"感恩教育"活动（　　）。

A. 十分必要，意义重大　B. 有必要　C. 意义不大

D. 形式主义，无任何价值

2. 环境准备

家长和学生先后分批进入教室，以家庭为单位就座。

3. 其他准备

（1）家长会召开前一个月举行"感恩少年"评选，提前写好奖状。

（2）学生课前完成《感恩教育小调查（学生版）》（建议备注学生姓名）。

∣ 会议过程 ∣

会前给家长发放《感恩教育小调查（家长版）》。

师： 各位家长，大家好！感谢大家在百忙之中抽出时间参加我们班的家长会。现在大家手中都有一份调查问卷，请大家用 3 分钟，认真思考，并填写一下。

今天，我们与大家共同聊一聊孩子的感恩教育问题。

第一环节　视频导入再现——亲情感恩引思索

师： 首先让我们来观看一段公益广告视频，请大家边看边想，关于感恩、亲情，你们有怎样的感受？（播放中央电视台公益广告《妈妈的等待》）

视频梗概：

广告以女声轻柔的哼唱缓缓拉开序幕，随着画面转换，一位女性从青年逐渐步入暮年。在这个过程中，她先是陪伴孩子成长，随后变为深情地注视孩子，最终变为静静地等待孩子归来。这则广告传递了一个信息：爱，是父

母只愿孩子幸福快乐；爱，是一生陪伴孩子成长的承诺。

师： 各位家长，视频观看完了，请家长谈一下自己的观后感。

预设：

（1）我们每个人都在父母的陪伴下成长，每个人都要学会感恩父母。

（2）公益广告中展现的亲情画面很感人，但现实生活中，我们老是与孩子产生冲突，孩子并不懂得感恩。

过渡： 我们每个人都要有感恩之心，但现实情况并不尽如人意。今天的家长会，我们就来讨论一下怎样让孩子学会感恩，拥有感恩的心。

 观看视频，让家长直观感受生活中感恩带来的温暖，思考现实中的感恩，引发家长对自己孩子行为的思考，同时聚焦本次家长会主题——"你若心怀感恩，便可温暖前行"。

第二环节 感知确认——聚焦现象明真谛

师： 各位家长，刚才视频中的场景，是不是也曾发生在您和孩子身上呢？刚才家长填写了关于感恩教育的小调查。下面，我们来看一下学生对于感恩问题的调查结果。［下发《感恩教育小调查（学生版）》］请对照调查结果，思考：视频中孩子言行的根源在哪里呢？

师： 哪位家长来谈一下自己的看法？

家长交流发言。

师： 好，通过交流，我们认为孩子感恩教育的缺失，主要有以下几个原因。（PPT 出示）

1. 亲情关系淡漠。

2. 家长重成才轻成人。

3. 青少年孩子自我意识过强。

4. 社会功利价值观影响。

过渡： 各位家长朋友，我们共同分析了孩子感恩意识淡薄的原因，看到了我们在感恩教育方面有缺失，那么，我们该怎样对孩子进行感恩教育呢？

设计意图 通过问卷调查对比，了解孩子感恩教育的现状，思考这种现象的原因，树立感恩教育的意识。

第三环节　思辨探究——感恩教育向何方

师： 我们先来看一个影视片段。（播放电视剧《安家》片段）

视频内容：

老严夫妇辛辛苦苦大半辈子为儿子买了套婚房。在签合同时，在儿子的要求下加上了儿媳妇的名字。可当老严夫妇准备搬去和儿子一起住时，却发现亲家母已经住进去了。老严的儿子听到父母来的消息后表现得非常不耐烦，最后还把父母撵了出去。

1. 观看视频，引发深入思考
师： 影视剧来源于生活，老严夫妇的遭遇，引发了你们怎样的深思？

2. 家长交流感想
预设：
（1）电视剧中老严夫妇的遭遇，在让人心疼的同时，也让我们思考，什么才是一生最好的财富？

（2）为了孩子辛苦打拼，但如果孩子不懂得感恩，父母挣再多的钱也只会换来儿女的嫌弃。

（3）父母辛苦努力，却忽视了对孩子的感恩教育，自己和孩子未来的人生都让人担忧。

师总结：积极心理学认为，感恩已不再只是一种道德品格或行为，而是一种积极的心理品质与资源，与个人的幸福感有着密切的联系。研究发现，懂得感恩的人会拥有更多的积极情绪，更容易获得满足感和幸福感，会拥有更少的妒忌、抑郁等消极情绪。一个家庭最大的幸运，不是拥有百万家产，而是养育一个懂得感恩的孩子。

过渡：通过刚才的公益广告和影视剧中正反事例的对比，我们应该都认识到感恩教育在孩子成长过程中的重要性了。艺术是对生活的提炼和升华，我们现实生活中也不乏感恩的行动，涌现出很多懂得感恩的好少年！

通过观看视频，让家长对感恩进行多角度思考，理解感恩是一种心态，更是一种积极的心理品质，警示家长认识到不进行感恩教育的后果，从而触动家长的情感情绪。

第四环节　见诸行动——感恩少年共期盼

1. 盲行互动

学生在教室外排队，每人佩戴一副眼罩。

师：各位家长朋友，我们懂得了感恩对于孩子未来成长的重要性，下面我们通过一个互动游戏，来体验一下生活中感恩的细节。

师：下面老师将依次点名，点到哪位同学的名字，哪位同学的家长就来到门口，把孩子领到您的座位旁。

教师依次点名，家长上前搀扶孩子到座位旁静待着。

师：盲行活动结束了，下面请家长和孩子分别谈谈感受，并说一句最想跟对方说的话。

（1）学生代表谈。

预设：在刚才被爸爸搀扶进教室的过程中，我感受到爸爸强大的支持，我能够勇敢地前行……

（2）家长代表谈。

预设：我在搀扶孩子的过程中，觉得自己的责任重大，感受到爱在我们之间流动，也认识到孩子的教育的确需要家长的引领，给孩子什么样的影响，孩子才有什么样的言行。

师总结：这个互动游戏的目的在于，通过盲行活动，让学生真实、用心地体验被家长搀扶引领、被人帮助的感觉；让家长体会到自己在孩子成长路上进行感恩教育的重要性。

师：孩子们，父母将我们带到这个世上，一点点呵护我们走到今天，要经历多少不易与艰辛；家长朋友们，在大家的悉心教导下，孩子们正在健康成长，他们是我们的骄傲。其实，每一个孩子心中都有善的种子，需要我们家长用爱心去浇灌。

师：下面是亲情互动时间。请孩子们摘下眼罩，好好看看你们的家长，并为家长奉上亲手洗干净的苹果和亲笔写下的"感恩卡"，以这一小小的礼物表达对家长的感恩之情。家长和孩子也可以用自己认为亲密的行为（比如拥抱、抚肩、摸头等）来表达情感。

亲子之间互读寄语。

设计意图　盲行互动，让孩子和家长增加交流，用心感悟互助的过程，体会感恩情感的流动，让家长和学生都认识到感恩是双向的，是良好亲子关系形成后的必然反应，是家庭情感的基石。

2."感恩少年"颁奖

师：为了开展本次家长会，我们进行了为期一个月的"感恩少年"评选，通过家长推荐、同学互评、老师评价等方式，我们评选出十名"感恩少年"，他们是班级里优秀同学的代表，他们的家长把他们培养得如此优秀。下面有请获奖的同学上场，由他们为其家长颁奖。（PPT出示"感恩少年"评选标准）

1.在校尊重老师，学习努力。见到老师能主动问好，与老师关系融洽，以实际行动回报老师的教诲之恩。

2.乐于助人，团结同学，与同学关系融洽，赢得同学的信任和喜欢。

3.在家孝敬长辈，做力所能及的家务劳动，积极为父母分忧，以实际行动回报父母的养育之恩。

4.爱护自然，保护环境。

5.热心公益工作，积极参加志愿者活动，以实际行动回报国家和社会的培养之恩。

6.积极参与其他与感恩相关的各项活动，成绩突出。

获奖学生上场为其家长颁奖。

设计意图 表彰身边的感恩榜样，让学生和家长觉得感恩是从小事做起的，是每个人都可以做到的。

3. 感恩微论坛

师：我们都想培养出"感恩少年"，以上感恩少年及他们的家长为我们作出了表率。我们请获奖同学的家长代表×××谈一下获奖感言，并畅谈一下该怎样把感恩教育落到实处。

师：下面有请家长们走进"感恩微论坛"，交流分享他们的育儿经验。

预设：

（1）在日常生活中，我作出表率，每周末都带孩子回老家去看望爷爷奶奶，与他们交流聊天，引导孩子多关心长辈。

（2）坐公交车时，我经常示意孩子给身边的老人让座，表扬孩子的主动行为。

师总结：

第一，在日常生活中，从衣食住行等各个生活细节，培养孩子感恩父母、善待他人、爱护环境等品质。

第二，父母要注意自己言行的影响，当着孩子的面要多看到他人的优点，赞美他人的美好品行，作好示范，利用一切可以利用的契机对孩子进行教育。

第三，充分利用各种节日，对孩子进行感恩教育。例如：春节合家团聚时，教孩子热情接受爷爷、奶奶及其他亲属的礼物，无论价值多少、自己是否中意都要表示感谢，学会珍惜别人的情意；教师节，让孩子亲手制作贺卡送给老师，表达对老师的美好祝愿等。

第四，父母要多给孩子机会，让孩子为父母尽孝。比如下班回家累了，让孩子帮忙拿拖鞋；不舒服时，请孩子给父母倒杯水喝等。

第五，"计较"孩子的付出。不能使孩子感觉父母对他一无所求，让孩子懂得想要得到是要付出的，不能无条件地索取。

第六，及时表扬孩子。在孩子做了好事后，父母都要发自肺腑地感谢他、赞扬他。父母由衷的肯定是孩子关心他人的动力。

第七，家长多带领孩子参加一些社区志愿服务等活动。

通过"感恩微论坛"，借助榜样家长的力量，将感恩教育的方式传达给更多家长，教师点拨、补充、强化教育内容。

4. 歌曲感悟

师：有了身边的榜样和切实可行的培养方法，相信我们班的每个学生都会逐渐拥有感恩之心，用更温暖的眼光去看待身边的人、事、物，为自己美好的未来积蓄爱和善的力量。在这样温馨的亲情时刻，让我们共同欣赏歌曲《是妈妈是女儿》，感受亲情温馨的画面吧。

多媒体播放"感恩少年"的日常生活照片，播放歌曲《是女儿是妈妈》，全体家长与学生欣赏并合唱。

亲子合唱活动，通过共同参与的互动体验，加强家长与孩子的情感纽带，促进家庭成员之间的相互理解，强化亲子间的情感共鸣，让亲子关系更加紧密和谐。

会议总结

在今天的家长会上，每位家长都重新认识了感恩教育的重要性，每个学生也理解了家长对自己的殷切期望。在未来的日子里，让大家携手向前，共同创造更加和谐美好的家庭氛围，用自己的一言一行表达对父母、对师长、对社会、对自然的感恩之情，追求真善美，成为家庭的骄傲，成为国家的栋梁吧！

会议延展

（1）家庭感恩活动。

①每个学生为工作劳累了一天的父母倒一杯茶，揉揉肩，讲讲笑话。每周为家人做一顿早餐。

②每天放学回家主动与父母交流，谈谈一天的学习收获与感悟。

③每天出门时，收拾家庭垃圾，分类放入公共垃圾桶里。

④设置家庭亲情时刻，家长和孩子共同分享自己的感动故事，平和交流，讨论问题，欣赏他人，反思自己。

（2）校园感恩活动。

①节日为老师送上亲手制作的小礼物。

②每周帮助同学一次，解答问题、整理书桌等都行。

（3）社会感恩活动。

①如有机会，为流浪猫狗送些食物。

②每月在社区做一次义工或志愿者。

（河南省滑县锦和街道英才初级中学　康磊）

16. 学习动机：
外"控"赋能，内"动"生长

| 背景分析 |

美国爱德华·伯克利教授在《动机心理学》一书中强调，研究人类动机实际上就是研究人类独有的规划未来的能力，而学生的学习动机直接与未来人生发展相关。《家庭教育促进法》第二章强调：家长有责任"用正确思想、方法和行为教育未成年人养成良好思想、品行和习惯"。

学生进入初二后，学习科目增多，知识难度增大，出现了偏科、不愿写作业、不听讲、成绩下降、畏难、迷茫等现象，伴随产生的懈怠、拖延、厌学等状态令人担忧……帮助他们尽快从这种状态中脱离出来，是此阶段家长、老师的迫切期望。因此，有必要召开增强学习动机的主题家长会。

本次家长会召开时间是初二下学期，参会人员是学生和家长。

| 会议目标 |

目标	家长	学生
知识层面	深入了解影响孩子学习动机的因素；学习增强学习动机的方法策略。	了解影响自己学习动机的因素；学习增强学习动机的方法策略。
能力层面	能运用观察、激励、目标计划等策略帮助孩子增强学习动机。	能够通过制订、执行家庭作业计划等策略改变学习状态。

目标	家长	学生
态度层面	愿意学习科学的增强学习动机的策略，并愿意在生活中实践运用。	认可增强学习动机策略能够帮助自己改变学习状态，愿意尝试使用动机策略。

| 会议准备 |

1. 材料准备

座位签、瓶装水、A4 纸卡、签字笔、图片等。

2. 环境准备

多媒体教室，采用 U 型座位模式，正前方留出小舞台空间。

3. 其他准备

（1）提前选两组家庭，一组模拟周日晨起督促孩子学习的情景，一组模拟家长了解孩子学习动机强弱的情景。

（2）老师提前阅读《动机心理学》《习惯心理学》等相关书籍。

| 会议过程 |

师：各位家长好！请允许我做个小采访：促使您来参加家长会的动机是什么？（手机扫码生成结果，电脑操作以柱状图呈现。）

预设：A. 应学校老师要求；B. 我的责任；C. 想了解孩子；D. 了解班级状态；E. 不让孩子失望；F. 给孩子鼓舞；G. 对主题感兴趣；H. 有问题向老师咨询。

师：下面请大家看柱状图，同学们试着从动机产生角度给这些动机归类，看看可以分为几类。

预设：一类是来自外部要求，比如学校、老师等；另一类则来自内部动机，即家长的责任感。

师： 透过对参加家长会动机的分析，我们发现行为产生是需要动机的，而且经常是外部动机和内部动机一起发挥作用。（PPT 出示）

外部动机 + 内部动机——驱动任务完成。

过渡： 看来，一个行为的产生需要内部、外部动机一起作用。那么，学习行为是不是也符合这一原则？让我们带着这个疑问进入下面的环节。

 直接进入动机策略的现场体验，引起家长和学生的兴趣，使之对后续环节产生期待。

第一环节 现场访谈：驱动学习之法

1. 情景表演
师： 周末，家长们都在促使孩子主动完成学习任务，他们会怎么做呢？让我们一起看情景表演。（PPT 出示）

周日清晨，家长怎么做，孩子才会不睡懒觉去学习？
请在座的同学说一说，表演的家长做了什么，让孩子主动去学习了。

邀请一组家庭表演，请他们再现督促孩子学习的过程。
预设： 爸爸做好早餐，打开音乐，叫醒孩子，问孩子一天的计划，孩子迅速起床，吃早饭，然后去学习了……

2. 纸卡调查分析
以家庭为单位，家长和孩子一起完成，请家长分享经验。卡片内容：周日清晨，父母怎么做才会让孩子不睡懒觉去学习？

要求：

（1）请现场同学在纸上写一写，周日家长督促自己学习的方法及效果。

（2）请家长写一写曾使用过的督促孩子学习的方法及效果。

（3）在座能做到晨起学习的同学，请写一写有效方法。

预设：闹钟，家长叫，挠痒痒，放音乐，轻声唤醒，抚摸醒觉，大声嚷嚷；提起计划，强调目标，夸奖，激励，帮他起床，摁到桌前，食物诱惑……

师：归类分析以上方式，基本分为两大类：来自家长外部的激励、营造环境等；来自学生内部的目标设定和执行力等。（PPT 出示）

策略——外部动机（激励、环境）、内部动机（目标、行动）。

过渡：外部动机驱动学习有哪些必要因素呢？下面邀请另一组家庭为我们演绎他们家的真实情况。

设计意图 用情景表演和纸卡笔录，引起家长和学生对增强学习动机的思考，反观学生对学习动机的认识程度。

第二环节　情境体验：分析动机之策

1. 情景表演

（PPT 出示）

你猜，Ta 下一步会做什么？

（1）纸卡任务：爸爸手拿卡片，按照 PPT 提示，在卡片上选择相应内容写答案，暂不公布。（PPT 出示卡片内容）

内容一：周二晚上7点，夫妇二人还在回家的路上，路遇堵车，这时孩子打电话说自己到家了。结束通话后，妈妈问爸爸："你猜，Ta到家后，下一步会做什么？"

A. 吃东西　B. 写作业　C. 玩手机　D. 听音乐

E. 看电视　F. 读书　G. 外出打球　H. 其他

内容二：半小时过去了，夫妇俩走到门口，妈妈问："你猜，咱俩悄悄打开门，咱家宝贝在干什么？"

A. 吃东西　B. 写作业　C. 玩手机　D. 听音乐

E. 看电视　F. 读书　G. 睡觉　H. 其他

内容三：爸爸妈妈招呼孩子出来吃饭，孩子却没吭声，妈妈说："屋里这么安静，你猜，Ta在干什么？"

A. 画画　B. 写作业　C. 玩手机　D. 听音乐

E. 看电视　F. 读书　G. 睡觉　H. 其他

内容四：晚上11点，妈妈发现孩子屋里亮着灯，回屋问爸爸："这么晚还没睡，你猜，Ta在做什么？"

A. 睡了，忘关灯了　B. 还在学习　C. 玩游戏

D. 听音乐　E. 看剧　F. 看小说　G. 其他

（2）剧情体验：给所有家长和孩子发同样的卡片，请家长们假想自己是剧中的爸爸，然后根据提示独立完成对孩子行为的猜测；请孩子回忆生活中自己的行为，然后在卡片上勾选。现场请学生分类统计。

（3）公布答案：情景剧中，爸爸的答案与孩子的真实情况基本相符。

（PPT出示）

每一步，您都猜对了吗？为什么？

师： 其他家长都猜对了吗？我们随机采访一下哦。

预设： 与真实情况不太相符，我家孩子先玩一会儿，等我们进屋才写作业；猜对了一半，还是不了解孩子；孩子的状态比我估计的好，晚上11点

还在学习，这个没想到……

师： 我们发现，父母心中的期待和孩子的真实情况还是有出入的啊，那么大部分孩子的行为有没有共性规律？我们有请统计员公布数据。

预设： 晚上 7 点大多数孩子在玩手机，干自己喜欢的事，一部分在回家的路上。晚上 7 点半大部分孩子在写作业，三分之一在玩游戏。父母回家后，大部分孩子在屋里写作业。晚上 11 点，大部分孩子都睡觉了，一部分还在写作业，一部分在玩手机游戏。

师： 呈现出的选票结果显示了贪玩、拖延和持续学习三类情况。（PPT 出示）

基本类型——贪玩、拖延、持续学习。

师： 下面，我们有请几个家庭分享：您认为自己猜对或猜错的原因是什么？
预设：

（1）猜对了，平时沟通比较好。

（2）基本猜对了，我比较了解孩子的特点，担心他拖延，可能经常唠叨。

（3）没猜对，平时不太了解孩子，沟通也少，所以他干什么都不知道。

师： 从家长的分享中，我们可以看出家长对孩子的督促有学习效果，但现实情况并没有那么令人满意。那么，孩子学习动机强的家庭有何与众不同呢？下面让情景剧中的爸爸为我们指点迷津。

2. 指点迷津：情景剧中的爸爸为什么能猜对
（PPT 出示）

家长都做到了什么，使孩子拥有较强的学习动机？

预设：

（1）了解孩子。既了解孩子的生活习惯，如睡眠、娱乐、运动、饮食规律等，也了解孩子的心理状态，如心情、学习、认知、价值感等，还有对孩子的思维规律、学习优劣势等都很清楚。

（2）明确目标。家庭养育目标，孩子的现状与理想状态很清晰。

（3）合理计划。有合乎孩子生活学习规律的具体计划，作业、活动、娱乐、饮食、交友等活动，都由孩子决定并落实。

（4）督促到位。计划执行者是孩子，但家长监督功不可没，令人愉快接受的监督方式往往能达到事半功倍的效果。此外，家庭计划表、自我监督也发挥了积极作用。

（5）有效激励。落实计划的过程中常出现挫折，遇到时，努力帮助孩子平衡失控情绪，不断安慰鼓励，孩子就会不断进步。

（PPT 出示）

动机策略包括了解孩子、明确目标、合理计划、监督过程、不断激励。

过渡：现场情景和心得分享让我们了解了外部动机策略的作用，那么内部策略又是怎么发挥作用的？让我们继续探究。

设计
意图 ｜ 通过父母了解孩子居家学习状态的表演，验证外部动机驱动学习的重要性；通过游戏活动将家长驱动孩子学习的五个步骤融入活动中，让父母认识到了解孩子、使用积极外控策略，能够激发学习动机，促使孩子努力上进。

第三环节 观悟"视图"：领会动机之要

师：家长做到以上五个方面，不一定会增强孩子的学习动机，还需要内部动机的作用，那么促使学习效果提升的内部动机策略有哪些？让我们一起来完成以下任务。

1. 说说招

（出示学生专注学习的图片和短视频，其中隐含五个策略，请同学们说一说图片和视频中哪些方法帮助了该同学专心学习。）

预设：

图片一：规定具体时间。用番茄钟、闹钟、一炷香……

图片二：在书桌上贴提示纸条——看到书桌就翻开书拿出笔；将执行计划贴在门后，暗示自己。

图片三：桌上有计划表。该同学用每日任务计划表推动学习。

视频一：有音乐播放器。可以播放背景音乐，音乐可以调节情绪。

视频二：学习小组。通过一起学习、讨论的场景营造学习氛围。

（PPT 出示）

规定时间、有提示方式、计划表、音乐、学习伙伴……

2. 配配对

师：俗话说，方法找对，事半功倍。请同学们结合以上的动机策略，针对下面三位同学的状态，给行为和动机策略配配对。（PPT 出示）

1. 甲同学总是坐不住。

2. 乙同学马上考试了都不知道着急。

3. 丙同学总是在最后几天熬夜完成假期作业。

A. 规定时间　B. 提示、计划　C. 学习伙伴、目标提示

预设：甲：A；乙：C；丙：B。

3. 帮帮 Ta

师：班里一位同学近来学习成绩下滑，动力严重不足，情绪不稳，总发火，跟父母吵架……但是他真的很想继续好好学。针对他的情况，你有什么

办法可以帮到他?

家长和孩子讨论后,自由回答,教师总结。

预设: 散步、唱歌,冥想未来;把"不得不"变成"我选择";坐到桌前先深呼吸;锻炼——没有什么是跑一圈解决不了的;睡够了,才能打怪升级;常常想长远目标。

过渡: 以上面对学业困境时有益的动机策略,说明外部动机和内部动机形成合力,才能共生强大的力量解决困难。那么内外动机合力是怎样的呢?下面我们来深入体验一下内外动机合力的神奇过程。

 通过家长与学生参与活动,获得驱动内部动机的策略知识,为接下来使用策略的互动环节作铺垫。

第四环节 现场互动:外控内动之妙

师: 请同学们一起回忆以前学过的《走一步,再走一步》的内容。孩子困在半山腰不能上、不能下,濒临死亡时,父亲是怎么做的?请同学们回忆,不要交流。我们先看看现场家长们遇到这样的情况会作出怎样的反应。

1. 现场互动

(PPT 出示)

试一下,怎么做,他会往前迈一步?

(1)试一试。出示一个孩子困在半山腰的图片。情景假定:这个孩子第一次爬山,被困在半山腰,周围没有一个人,假如你是这个孩子的父亲,天黑后才赶到山脚下。请家长说说怎么做,才能帮助孩子安全走下山。

预设: 先教孩子不要慌,再指导他怎么下山,一定要沉着冷静,这期间要不断稳定孩子的情绪。让孩子勇敢地迈出第一步,然后再一步一步踏实地走……

（PPT 出示）

小步走原则，积累成就，激发动力。

（2）说一说课文中孩子是怎么做的，并谈谈受到什么启发。

预设： 在家长的指导下，鼓起勇气，踏出第一步，不断鼓励自己能行，看好下一步目标，然后认真走好每一步……

以此类推，生活里可以跑一圈，再跑一圈；做一题，再做一题；读一篇，再读一篇……这样做着、做着就会发现，自己慢慢地实现了目标，把习得性无助变为习得性成功了。

2. 微讲座

师： 在完成学习任务时，孩子出现畏难情绪，没有信心，作为家长怎么表达可以鼓舞孩子迎难而上？作为学生怎么自我鼓励才能帮到自己？让我们一起聆听咱班××家长的微讲座《"外激内动"干劲足——语言表达的力量》。

预设：

家长：

（1）孩子畏难时，家长可以说：这是你要做的（责任）。

（2）无措时，家长可以说：你要开始，你能做到（积极暗示）。

（3）不专心时，家长可以说：聚焦于一点，你能行（为孩子补足勇气和力量）。

（4）孩子开始学习时，家长做到"三个一"帮助孩子增强动力：感叹一句——当你坐在桌前开始学习，我觉得你离优秀越来越近了；陪伴一阵——我也安静下来干点事儿；表扬一句——你尽力了，勤奋的样子真美。

学生：

（1）情绪对抗时，规劝自己：管他呢，写了再说，写完一科少一科，能写多少就写多少。

（2）压力大时：我挺棒啊，写这么多了，写完就可以休息了！看上去没

那么难，做做看。真牛，又完成一项！（目的是降低内心冲突减压）

（3）写了一半不想写时：加把劲儿写完这一科，然后奖励自己。

（4）不自信时：相信自己能做好，尽力而为，不留遗憾。

（PPT出示）

家长：暗示、专注，立即、保持，做到"三个一"增强动力。

学生：接纳、自劝，降低、减轻，自我激励振作精神。

3. 亲子互动

师： 下面我们用以上内外部动机策略来解决实际问题。

（1）使用家庭作业单任务计划表培养完成家庭作业的良好习惯。

请每组家庭参照罗琳完成一本书时制订的计划，在A4纸上完成家庭作业单任务计划表（例如：提升英语成绩）。

名字	时长	长远任务	目标	用时	环境	监督	奖励
罗琳	3个月	写一本书	完成其中一章	上午三小时	咖啡馆，正对时钟的桌子	时钟	喝一杯咖啡
我							
备注：此任务表为单项任务执行计划表，引自《动机心理学》。							

（2）探究用一个任务目标的实现突破关键环节。

请家长和孩子一起完成"可实现目标计划表"。

我的目标规划	可实现的目标	始终坚定信念	实现目标关键	对正焦点突破
示例	舞蹈大赛获奖	斩获奖项，相信自己	20小时练习＋指导	下腰的幅度到位
目标1				
目标2				
备注：此表引自《动机心理学》，部分文字转换成表格。				

过渡： 大家用心投入的状态很有感染力，让我们感受到研究学习的乐趣，

相信我们持续保持学习动机，一定会养成好的学习习惯。

设计意图　通过现场互动，让家长和学生感受到驱动外部动机和内部动机的效果，增强信心，为后续家庭驱动学习动机赋能。

会议总结

亲爱的家长们、孩子们，驱动学习动机须外部动机和内部动机相结合才会有更好的效果，让我们在学习活动中熟练使用这些策略，化难为易，化被动为主动，培养好的学习习惯……这样，我们的学习内驱力就会增强，生活愉悦度就会提高，就会更好地感受到学习的快乐。本次"外'控'赋能，内'动'生长"主题家长会到此结束，再次感谢大家的参与！

会议延展

（1）完善家庭作业计划推进表，并记录计划落实的效果。落实计划、实践、监控、评价和调节这五个步骤，通过完成家庭"月度计划推进表"的行动方案来实现。

（2）一个月后召开主题班会，依据推进表，进行经验交流。

（3）使用问卷星进行家长会复盘。

您孩子的名字是：_____

1. 本次家长会，您印象最深刻的环节是哪一个？为什么？

2. 本次家长会，关于如何引导孩子增强学习动机，您有什么收获？

3. 家长会后，作为家长，您打算从哪些方面作些改变，为孩子助力？

4. 家长会后，对完成家庭任务"月度计划推进表"，您有什么好的建议或者需要提供什么帮助？

（北京理工大学附属中学　杨静琳）

17.

理想前途：
——请乘理想之马，挥鞭从此起程

| 背景分析 |

《中共中央关于进一步加强和改进学校德育工作的若干意见》中提到，学生科学的世界观、人生观、价值观、社会主义理想信念是一个通过教育逐步形成的过程。习近平总书记也曾强调，落实立德树人的根本任务，其中之一就是"要在坚定理想信念上下功夫"。可见，教师和家长有必要引导学生树立崇高的理想。

学生进入初三，毕业、升学、职业选择等现实问题摆在眼前，他们不免焦虑、迷茫，亟须有人引导他们树立崇高理想，作出适合自己人生的选择。为此，有必要加强家校交流合作，召开一场关于理想前途的家长会。

本次家长会召开时间是初三上学期开学，参会人员是学生和家长。

| 会议目标 |

目标	家长	学生
知识层面	知道如何引导孩子树立远大的理想。	知道如何树立理想以及树立怎样的理想；认识实现理想需要具备的全面素养。

目标	家长	学生
能力层面	引导孩子分解理想目标；监督孩子按计划完成任务，不断接近理想目标。	在老师和家长的帮助下，分解理想目标并能坚持按计划行动。
态度层面	愿意尊重孩子的个性选择，培养孩子健全的品格。	愿意为实现理想付出努力。

| 会议准备 |

1. 材料准备

（1）学生提前完成"霍兰德职业兴趣量表"，并在课桌上张贴测试结果代码。

（2）打印并在会上发放文稿（正面为目标分解流程图，背面为《理想》《给家长的四条建议》）。

（3）道具：眼罩、画有鼻子的贴纸、粉笔。

2. 环境准备

黑板上提前板书家长会主题，并留出一面空白黑板。教室内座椅呈 U 型摆放，亲子并排坐。

3. 其他准备

（1）音乐：《我的未来不是梦》《我相信》。

（2）安排男女学生主持各一名。

（3）学生排练诗歌朗诵《理想》。

（4）每位学生准备一个 A4 大小的方格笔记本和一支笔。

（5）提前邀请家长代表和校友代表作职业介绍。

（6）教师提前阅读《PDCA 循环工作法》（冈村拓朗）。

会议过程

主持 A:"理想是石，敲出星星之火；理想是火，点燃熄灭的灯；理想是灯，照亮夜行的路；理想是路，引你走到黎明。"这是诗人流沙河创作的现代诗《理想》里面的句子。

主持 B: 正如诗中所说，理想为我们指明了方向和未来，点燃了我们不断拼搏的斗志和信心，引导我们追求美好生活，换取人生价值的殷切期盼。

合: 让我们一起走进"请乘理想之马，挥鞭从此起程"主题家长会。（PPT 出示家长会主题）

第一环节　步月登云，感悟理想

1. 导入游戏，启发思考

主持 A: 不知不觉，我们已经步入了初三。在家长和老师的悉心教诲下，我们感叹着自己的成长进步，也在思考未来何去何从。

主持 B: 前路漫漫，敢问路在何方？这种感觉有时候就像是"盲人贴鼻子"的情景。说到这里，我们不妨体验一下。

主持 A: 下面由我来介绍游戏规则。大家可以看到黑板上画着一张缺鼻子的人脸。请参加游戏的同学和一位家长组队，同学用眼罩蒙上眼睛，弯腰做大象鼻子动作，原地转 5 圈，走到 3 米外的黑板处，根据家长的提示，把鼻子贴在人脸上。

预设:

第一轮：没有任何引导和提示，学生独立完成。学生跌跌撞撞，走错了方向。

第二轮：家长用语言引导学生向前走，但不描述人脸的准确位置。学生把鼻子贴错位置，画面很滑稽。

第三轮：家长用清晰的语言描述贴鼻子的位置。学生准确地贴好鼻子，画面和谐。

主持 B： 结果显而易见，前两轮游戏鼻子都"长"歪了，而第三轮大家都准确地贴好了鼻子，画面非常和谐。

主持 A： 我想问问现场的家长和同学们，为什么在第三轮游戏中"盲人"能够将鼻子准确无误地贴在人脸上呢？

预设： 第一轮缺乏引导，导致行动很盲目。第二轮缺乏坚定前行的目标，容易出现差池。第三轮因为有家长引导，且明确了方向，所以能够很好地完成任务。

主持 B： 从这个游戏中我们可以获得哪些启示呢？

预设： 有明确的目标，有人监督指导会更容易取得成功。

主持 A： 的确，没有明确的目标，行动起来就像无头苍蝇。没有得力的指导，也很难达到成功的终点。我们有时候就像游戏中的盲人，对人生理想感到迷茫。为了帮助同学们拨云见日，我们在这里引入了科学的方法指导——"霍兰德职业兴趣岛测验"。

2. 测评职业，把握方向

主持 B： 大家可以看见桌上有一个代码，这是会前同学们根据"霍兰德职业兴趣岛测验"作出的选择，请大家对照 PPT 查看测评结果。

（PPT 出示"霍兰德职业对照表"）

预设： 家长和学生对照桌上的代码寻找测评结果。

主持 A： 在此期间，我想随机采访一下家长和同学，测评的结果是否符合你的预期呢？

预设：

家长：我的孩子测试结果是 SIR 类型，对应的职业是医生、救护类人员等。这可能是孩子受到了当医生的姑姑的影响。这个孩子心思细腻，责任感强，我倒觉得这个职业很适合她。或许可以找个时间，让姑姑指导她一下。

学生：我的测试结果是 ASI 类型，对应偏艺术类的职业。因为我从小就学习舞蹈，也喜欢跳舞。但我的父母更倾向于让我以后当老师。我们的想法不一致，我想和父母商量下能不能找到契合点。

3. 交换名片，描绘理想

主持 B：科学的测试为我们提供了思考的方向，也希望会后同学们和家长加强交流，树立远大的理想。

主持 A：如果为了理想坚持奋斗，10 年后的我们会是怎样的呢？请各位同学拿出笔和纸，为 10 年后的自己设计一张名片吧！在和同桌交换时，向对方介绍未来的自己。

预设：学生现场设计并和同桌交换名片，描述 10 年后的自己。家长通过此过程了解孩子对未来的设想。

（PPT 出示）

十年后的名片。设想角度：职业类型、人生理想、个人素养、人际交往、娱乐消遣、生活环境等。

预设：

学生 A：B 同学好，10 年后，我已经是一位高级厨师，擅长做全国各地的菜品。许多知名餐厅邀请我去当大厨，而我更有志于走遍全球，吃遍全球，为大家设计出特色菜肴。我要让每一个吃到我做的菜的人都能大快朵颐、尽兴而归。

学生 B：能吃到你亲自设计的菜品，我感到非常荣幸。我是 10 年后的一名国际汉语教师。通过教授汉语，弘扬中华优秀传统文化，我结识了许多热爱中国文化的朋友，我要让世界更好地了解中国。

主持人 A：从现场热烈的气氛中我们可以感受到同学们对美好理想的向往，也希望在场的每位同学所求皆所愿，所愿皆实现。

设计意图　以游戏导入，让家长和学生认识到树立理想的过程中需要有明确的目标和清晰的指导。引入科学的测试，对照家长和学生的职业期待，帮助学生明确职业理想的方向。通过交换名片活动，学生可以明晰理想生活状态，获得同伴和家长的反馈，便于接下来制订、实施计划。

第二环节　凝心聚力，畅谈理想

主持 B： 诗歌《理想》曾描述："理想如珍珠，一颗缀连着一颗，贯古今，串未来，莹莹光无尽。"

主持 A： 是啊，"古照今，今照来"，从来不乏追梦人，当然也不能缺少引路人。本次家长会很荣幸地邀请到了家长代表和校友代表分享自己的追梦之旅，让我们以热烈的掌声欢迎他们的到来！

1. 家长讲坛，殷殷期望

（PPT 出示"××家长讲座"）

预设： 今天应邀到我们班作职业介绍，我深感荣幸。下面我分享一下医生的工作日常，希望给同学们一些启发。我从小跟随爷爷奶奶长大，见过他们被病痛折磨的样子，励志长大后成为一名医生。于××医科大学毕业后，我如愿进入到××医院住院部工作。每天的工作非常忙。工作日需要 7:30 到岗，查房、开医嘱、进行治疗沟通，之后会安排手术或者随主任看诊。除此之外，还有定期会议、疑难病例讨论等事宜。下班之后，我也要加强业务学习，学习是伴随整个职业生涯的事。尽管每天的工作又忙又累，但看到病人肯定的眼神，见证他们康复的过程时，我会感到莫大的幸福和满足。刚刚公布的职业测试结果中，很多孩子立志成为一名医生。如果你们也有终身学习的信念、不慕名利的坚持、守护健康的渴望，我希望你们能坚定自己的理想，加入到医生的行列中。

2. 校友讲座，答疑解惑

（PPT 出示"××学长讲座"）

预设： 学弟学妹们，大家好！我是我校×届毕业生××，现在就读于四川大学中文系。曾经，我和你们一样坐在教室里，对前途感到一片迷茫。记得语文老师让我们写一篇关于理想的作文，我无从下笔，他就给我讲了华罗庚艰苦研究数学的故事。华罗庚为了心中的数学梦不断奋斗的精神鼓舞了我。我认真地审视自己：我想要的是什么？我的优势在哪？为了实现理想，我需要做什么努力？

初中时我喜欢写小说，对文字有一定的敏感度。这在我的朋友看来是不务正业的爱好，语文老师却始终鼓励我坚持创作。在繁忙的学习之余，我仍坚持给杂志社投稿。后来我如愿考上了自己理想的学校，成为一名网络作家。在不断挖掘自己潜能的过程中，我感觉自己离梦想越来越近。我想告诉同学们，勇敢追梦，终有收获。

主持 A： 感谢家长代表和校友代表，他们用自己的经历告诉了我们坚持梦想的意义，也让我们看到了实现梦想的可能。追梦途中，也许同学们有不少困惑，可以举手向他们提问。

3. 你问我答，共话理想

预设：

学生提问家长代表：我以后也想成为一名医生，现在可以做哪些努力呢？

学生提问校友代表：你在追求理想时遭到了周围人的质疑，你是怎么坚持下来的呢？

主持 B： 再次感谢家长代表和校友代表，希望通过与他们的交流，同学们能汲取宝贵的经验，坚持为理想而奋斗！

 设计意图　通过家长代表和校友代表分享自己追逐理想的经历，以及现场交流，帮助学生解决困惑，坚定为理想而奋斗的信念。

第三环节　共商共育，助力理想

1. 分解目标，以终为始

主持 A： 相信有了家长代表和校友代表的加持，同学们会更加坚定追逐理想的脚步。然而，理想高远、美好、缥缈，需要我们转化为具体、明确、可行的目标，一步一步实现。我们不妨以终为始，分解目标。（PPT 出示"目标分解流程图")

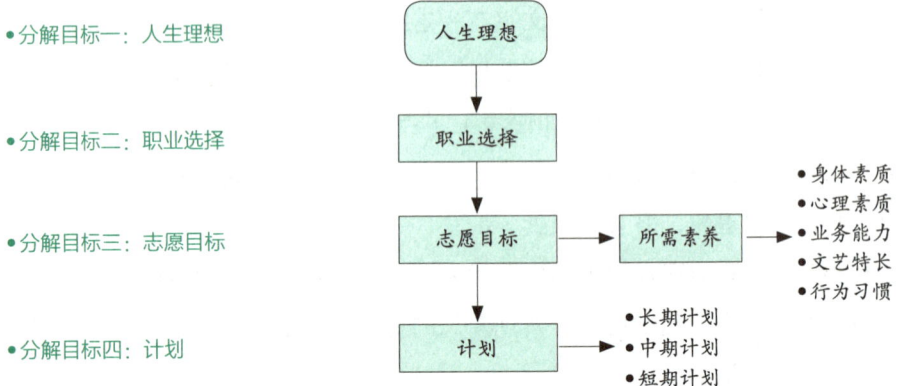

- 分解目标一：人生理想
- 分解目标二：职业选择
- 分解目标三：志愿目标
- 分解目标四：计划

　　学生完成清单上的流程图，分解目标，明确任务。家长在一旁指导。

预设：

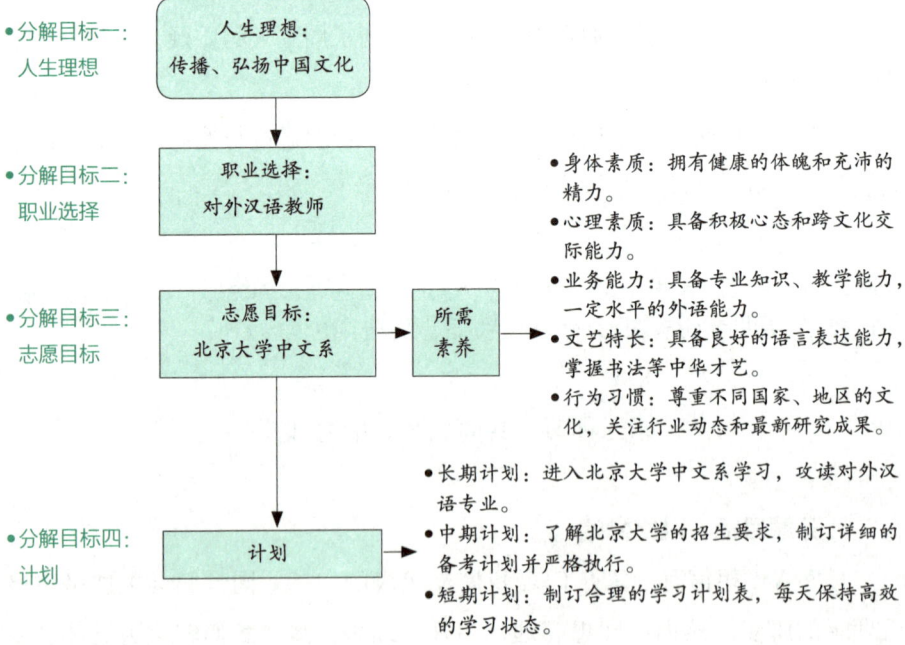

- 分解目标一：
  人生理想
- 分解目标二：
  职业选择
- 分解目标三：
  志愿目标
- 分解目标四：
  计划

- 身体素质：拥有健康的体魄和充沛的精力。
- 心理素质：具备积极心态和跨文化交际能力。
- 业务能力：具备专业知识、教学能力，一定水平的外语能力。
- 文艺特长：具备良好的语言表达能力，掌握书法等中华才艺。
- 行为习惯：尊重不同国家、地区的文化，关注行业动态和最新研究成果。

- 长期计划：进入北京大学中文系学习，攻读对外汉语专业。
- 中期计划：了解北京大学的招生要求，制订详细的备考计划并严格执行。
- 短期计划：制订合理的学习计划表，每天保持高效的学习状态。

主持 B： 相信同学们在家长的帮助下树立了自己的终极目标，明确了努力的方向。可是能不能坚持到底呢？别担心，张老师有小妙招。

2.制订计划，同心并力

（1）老师介绍 PDCA 循环工作法。

师： 我的小妙招很简单，就是"笔记 ×4 条线"，这个方法是日本冈村拓朗的"PDCA 循环工作法"。同学们可不要小瞧它，它可以帮助你们实现终极理想目标。（PPT 出示）

PDCA 循环工作法：

P——Plan（计划）：包括确定目标和计划，我们可以把理想视为一个长期目标。

D——Do（行动）：根据自身情况，将长期目标进行分解，尽可能地将计划细致到每一天。安排的项目不宜贪多，以保证有充足的时间完成计划的内容。

C——Check（检查）：在计划实施过程中，定期复盘，调整难易度和进程，发现问题尽快解决。

A——Action（改善）：强化心理暗示，肯定成功的经验，总结失败的教训。有待解决的问题进入下一个 PDCA 循环。

（2）活动：家长和学生共同制订计划。

师： 请同学们拿出准备好的笔记本，跟随我的步骤，一起来完成 PDCA 笔记，也请家长朋友们在一旁给予指导。同时我也会在场内巡视，如有需要，请举手示意。

①在左上角写下日期以及自己的当日目标。

②在目标下方画一条横线，再画三条垂直线。

③在四个方框内分别写上 P、D、C、A。

④填充内容，写下当日计划。

预设: 教师在黑板上画出 PDCA 成长计划示意图,学生跟随完成,家长在一旁指导。

2023 年 X 月 X 日 今日目标:				
P(计划)		**D(行动)**	**C(检查)**	**A(改善)**
6:00	(记录自己要做的事情)	(准确记录计划执行的情况和发生的事实)	(记录计划执行顺利或不顺利的原因以及下一步推进的想法)	(记录解决问题的行动)
7:00				
8:00				
9:00				
10:00				
11:00				
12:00				
13:00				
14:00				
15:00				
16:00				
17:00				
18:00				
19:00				
20:00				
21:00				
22:00				

师: 感谢同学们以认真负责的态度完成了 PDCA 成长计划,通过它可以将自己的目标可视化、具体化,并将时间和行动组合起来,有利于养成习惯。让 PDCA 循环起来,每一天都有所收获。

师: 在今天的家长会现场,我也想邀请家长朋友对同学们的计划完成情况进行监督。这也是我送给大家的第二个小妙招——"4Y 管理模式"。请家长朋友在孩子的 PDCA 笔记下方记录下您和孩子约定的管理模式。(PPT 出示)

4Y 管理模式：

Y1——Yes Plan（计划到位）：监督孩子完成每日计划并坚决执行。

Y2——Yes Duty（责任到位）：家长在笔记本上反馈计划执行效果和对孩子的建议，需要学校协助的部分也可留言。

Y3——Yes Check（检查到位）：固定时间检查，和孩子一起复盘。

Y4——Yes Drive（激励到位）：孩子完成计划后给予适当奖励。

预设：家长在孩子的 PDCA 笔记下方写下监督的具体时间、内容、奖励形式等。

主持 A：感谢张老师的指导，现场的家长和同学们都完成了自己的 PDCA 成长计划，我们不妨选取一部分在班上展示一下。

3. 展示计划，择善而从

预设：利用展台，现场展示部分 PDCA 成长计划和监督计划并给予点评。鼓励学生按照自己制定的成长轨迹坚持下去，邀请家长配合监督，帮助学生实现更高的理想目标。

主持 B：感谢几位同学和家长的精彩展示。我相信在老师的指导和家长的帮助下，同学们一定能够择善而从，坚决执行计划，实现心中的理想。

设计
意图

通过家长和学生共同制定"目标分解流程图"，引导学生思考长期、中期、短期计划，以终为始细化目标。引入"PDCA 循环工作法"和"4Y 管理模式"，邀请家长对孩子日常的学习计划进行监督和指导，便于掌握学生完成的情况，并能及时作出调整。

第四环节　踏梦而来，追逐理想

主持 A： 下面请所有同学起立，右手握拳。以青春为证，宣读誓言。（PPT 出示）

我以青春的名义宣誓：未来由自己开拓，理想靠自己实现。我保证，为了父母的期盼，我愿奋力拼搏每一天；为了师长的重托，再苦再累我也情愿；为了理想的实现，我定乘风破浪，勇往直前！

师： 最后，我们以《理想》这首诗歌的朗诵作为结尾。（全班朗诵）

 通过现场宣誓和朗诵诗歌，强化学生的责任意识，将会场气氛推向高潮。家长受到感染，会更愿意配合学校工作。家校协同能更好地引导学生树立远大理想。

｜ 会议总结 ｜

感谢家长们和同学们的积极参与，今天在我们的齐心努力下，制订了成长计划和监督计划。当然，计划的制订只是给我们提供了一个方向、目标，重要的是我们脚踏实地去完成，实现心中所愿。就让我们以本次家长会为契机，乘上理想之马，挥鞭从此起程！再次感谢大家的参与！

｜ 会议延伸 ｜

（1）学生早晚各利用 5 分钟制订、复盘当日 PDCA 成长计划。

（2）每月末收集学生 PDCA 成长计划和家长监督计划（要求家长签字），利用班会课全班评选出优秀小组和个人，并利用墙报、班级群等进行宣传展示。

（3）推荐家长阅读文稿《给家长朋友的四条建议》。

①在生活中渗透理想信念教育。在和孩子的日常交往中发现孩子的兴趣和优势，陪同孩子参与各种活动，在潜移默化中引导孩子树立远大的人生理想。

②带孩子体验职业生活。带孩子体验一天父母或者亲朋好友的工作，让孩子对职业规划有更直观的感受。

③陪孩子参观心仪学校。利用节假日和周末，带孩子到心仪的高中、大学参观，了解学校的录取条件等，帮助孩子将目标可视化。

④和孩子共看励志影片。推荐观看《死亡诗社》《心灵捕手》《杀死一只知更鸟》《放牛班的春天》《当幸福来敲门》等影片，和孩子讨论观后感，引导孩子树立远大目标并坚持执行。

（重庆市兼善中学蔡家校区　张娜）

18.

学法指导：
—— 做好精力管理，中考成功"避坑"

| 背景分析 |

教育部针对手机管理、睡眠管理、课外读物管理、作业管理、体质健康管理问题先后下发文件，明确要求在中小学开展"五项管理"工作。家长也应履行教育职责，加强督促管理，形成家校协同育人合力。

初三学生普遍存在精力过度消耗以及恢复困难的问题，而大多数家长难以从根本上科学引导。班主任分析了学生精力消耗的共性原因，认为有必要在初三上学期，请全体学生和家长参加本次会议，具体从时间管理、情绪管理、有效放松三个角度为家长提供策略支持。

| 会议目标 |

目标	家长	学生
知识层面	了解孩子现阶段精力管理的问题。	了解自己现阶段精力管理的问题。
能力层面	提升精力管理能力的方法；辅助孩子选择并运用合适的方法积极改变。	在父母和老师的帮助下，能找到适合自己的精力管理方法；能根据不同的场景，学会并运用合适的方法积极改变和提升。

目标	家长	学生
态度层面	树立家庭教育第一责任人的意识，用科学和理性的态度参与孩子的成长。	积极看待自身存在的问题，并用科学和理性的态度面对成长中的挑战。

会议准备

1. 材料准备

课件、水杯、水、石块、细沙、两个红色暂停牌、番茄钟、印有《小欢喜》不同角色头像的 T 恤（或张贴有角色头像彩图的背心）等。

2. 环境准备

在会场准备一定数量的瑜伽垫或者软椅，在会场中心画出一个大圆圈。

3. 其他准备

（1）主持人排练。
（2）设计不同角色的台词，组织相关家长排练。

会议过程

师： 各位家长朋友，亲爱的孩子们，欢迎大家来到会场！谈到学习，大家一定不会对"鸡娃""躺平""摆烂"这些词感到陌生，特别是孩子们正处于升学关键阶段，家长们又步入中年，我们真是太难了！请家长伸出双臂，温柔地抱一抱自己，然后跟着我说以下话："过去我已经做得很好了；未来的日子，我慢慢努力。"再温柔地抱一抱您身边的孩子或拉起孩子的手，深情地对他们说："过去，我们已经做得很好了；未来的日子，我们慢慢努力。"（同步播放音乐渲染气氛）

师： 会场此刻温馨的画面，让我感受到，家人是我们面对困境时最坚强的后盾，是面对挑战时共同进退的战友。毕业升学是一场考验亲子协同作战能力的硬仗，作为战友的我们该如何巧妙应战呢？相信今天的会议能带给大家一些启发。本次家长会的主题是"做好精力管理，中考成功'避坑'"，有请两位主持人上场！

第一环节　管好时间，思维精力更专注

主持人 A：咱们家长会的主题里出现了一个词——"精力管理"，可能大多数家长和同学都不太清楚这个词的意思，请让我简单介绍一下。根据《精力管理》一书的作者吉姆·洛尔博士的解释，"精力就是做事情的能力，包括体能、情感、思维、意志四个方面"。我们班有一些同学好像总比一般的同学精力更旺盛，更能全情投入到学习和各项活动中。其实，并不是他们智商超群，很可能是在精力管理方面优于普通同学。那么，如何恰当地对精力进行管理呢？别急，我们马上揭开精力管理的面纱。

主持人 B：我要先说说困扰我们绝大多数同学的学习不专注的问题。比如周末时间有限，却觉得每科都该复习。本来计划先完成一篇文言文的背诵，结果背到一半发现时间不多了，又去翻英语。还没静下心来背几个单词，看到旁边的化学书，发现公式没有记牢，又去背公式。结果两个小时过去了，每科知识都记得不牢，却只怪自己记性不好。其实，这是思维精力不专注的表现。有这种情况的同学，请自觉进到场地中间的圆圈里。

主持人 A：（采访圈里的学生）请问，你知道该怎么从时间入手解决自己思维精力不专注的问题吗？

预设：学生回答不太清楚。

主持人 B：各位叔叔阿姨，你们的孩子掉进了思维精力管理的"坑"里，亟待你们的救援，你们想不想帮助他们？

预设：家长热情回应，主持人 A 挑选反馈最热情的四位家长，两人一组参与后面的游戏环节。班主任挑选几位语言表达能力较强的家长做观察员。

主持人 B：请家长代表进入游戏闯关环节，通过游戏领悟时间管理的方

法。在游戏环节中会有两件宝贝，每件宝贝旁边都有一个锦囊，帮助你们完成闯关任务。同时，还要请观察席的家长们及时总结游戏中体现出来的时间管理技巧。

第一组闯关：一个神奇的杯子。

班主任点开课件，呈现出第一组道具：水杯、不同大小的石块、细沙、一杯水。同时请道具组的同学把道具摆放在会场中心的桌子上。

主持人 A：这是一个神奇的杯子，我们要让选手把桌面上所有的东西都装下，不能遗漏，一共 3 分钟，请计时员计时。

主持人 B：别着急，我们还没有看锦囊呢！

主持人 A：哦，对，瞧我这记性！（展开锦囊，故作惊讶）哎，怎么只有两个字——"顺序"？请两位选手思考 3 分钟，3 分钟后我们再开始。（家长代表具体操作）

主持人 B：（第一个版本）恭喜第一组家长顺利闯关，你们成功地"捞出"了"坑"里的孩子们，带着他们从"坑"里跳出来吧！

（第二个版本）非常遗憾我们的选手第一关闯关失败，我想问，如果再给您一次机会，您有什么改进方案？（等家长补充后，也请圈里的同学出来。）

主持人 A：有请观察员总结这个游戏里的时间管理技巧。

家长观察员陈述分析。

主持人 A：感谢第一组家长的参与，你们的表现真棒！下面有请咱们老师补充。

师点评：很多孩子之所以做事拖拉，就是因为没有思考每一项任务需要用的时间，或者没有区分事情的轻重缓急。还有人虽然制订了计划，但是在执行的时候，不够专注。

主持人 B：听了家长和老师的指导，我懂得了"时间管理要有序"这个原则，但怎么结合具体情况有序地安排各科任务呢？我们知道但做不到啊。

主持人 A：别着急，下面的闯关游戏就能解答你的问题。有请第二组选手上场！

第二组闯关：一个有待反转的情景剧。

主持人A： 请欣赏情景剧《匆匆溜走的时间》。

剧情介绍：

周六一大早，拖延症患者小明在妈妈的要求下，作了时间计划，把薄弱学科作业放在上午完成，把擅长的科目放在下午和晚上完成。晚上写好作文，玩玩电脑，放松一下，一天就圆满了。可是，每个学科需要多少时间却没有认真规划。小明拿着书包放到书桌上时，发现书桌上乱七八糟，于是开始整理书桌、书房，还不时翻翻以前买的课外书、旧杂志……不知不觉一个多小时就过去了，翻开作业还没写几道题，就被妈妈喊去吃午饭。吃完饭在沙发上看了半个多小时报纸，回到书桌前想做数学作业，突然发现作业本忘在学校了，没办法，急急忙忙跑个来回。回到家喝点水，吃点零食，终于开始写作业了，结果一道题难住了小明，一个多小时还没做出来，又到了晚饭时间，小明果断放弃。吃完晚饭，小明开始写作文，写了个开头，没思路了，决定休息会儿，玩电脑游戏放松一下。结果一玩就玩到爸爸妈妈喊他睡觉。躺在床上，小明发现今天做的事不少，就是作业没做完！

主持人B： 我简直是"小明"本"明"啊！

主持人A： 那请你进圈吧！（众人笑）

主持人A： 请问，你现在想不想把情景剧的结局反转为小明高效率地完成了各科任务？

主持人B： 当然想啊！（面朝在场的家长）拜托叔叔阿姨，快"捞"我出"坑"吧！（又面朝老师）拜托老师，快亮出第二个神器吧！

（教师展示锦囊，PPT出示番茄钟使用方法。）

主持人B： 这个番茄钟不就是个计时器吗？

主持人A： 关键是要知道怎样用计时器啊！请两位家长帮助小明将剧情反转。

扮演小明的同学上场，家长参与活动。

参考剧情：

当小明想翻看课外书时，一位家长举起暂停牌，建议他停止并提醒他应该先根据作业量制定番茄钟任务表。小明制定完并顺利完成了前两个番茄钟的任务。可是休息时间已经过了 5 分钟，小明还没有去找数学作业本。家长举起暂停牌，提醒他立刻去拿或者先完成下一个番茄钟的作业。小明觉得现在写作业的状态很好，于是一鼓作气完成了作文。在场家长奖励他在午饭前有 15 分钟自由阅读的时间。午休后，小明本想继续翻阅杂志，家长举起暂停牌，建议他立即去学校。小明拿回作业本，严格按照番茄钟任务完成作业，突然遇到一个难题，眼看就要超过了预定时间。家长举起暂停牌，建议小明先把那道难题放一下，尝试换一个学科。当小明完成了最后一个番茄钟作业时，又重新看了一下刚才的那道难题，突然找到了思路，顺利完成了所有作业。

主持人 A：恭喜第二组家长顺利闯关，你们成功地"捞出"了我的搭档！请观察员总结番茄钟使用的技巧。

预设：使用番茄钟要注意分解任务、分段提效。

过渡：感谢各位家长的分享。接下来，我们就要思考如何解决情绪管理这个问题了。

设计意图 通过该环节，让大家明确时间管理的核心是分清事情的轻重缓急，可以按照以下顺序来处理：重要又紧急—重要不紧急—不重要但紧急—不重要也不紧急。其次，注意分解任务、分段提效，这样才能更有效地利用时间。

第二环节　管理情绪，情感精力更积极

主持人 A：有人说，在中国，高考是全国绝大多数家庭都要参加的一场考试。以三个家庭的备考故事为主线的电视剧《小欢喜》一度热播，一起来

看看剧中的片段有没有戳中我们的心。

教师播放三个视频，分别是方一凡成绩下降被妈妈逼到辅导班，当众怒吼母亲并愤然回家；季扬扬因玩赛车晚归，被父亲大骂；宋倩发现乔英子逃课，回家后母女俩一起失控大哭。

主持人 A： 虽然我们现在不是高三，但对那些愤怒、压抑、不被支持、烦躁无助的情绪也能感同身受。被负面情绪包围，学习状态肯定不理想。

主持人 B： 是的，不愉快的情绪会消减掉人的精力，从而影响学业上的表现。那家长该如何应对孩子和自己的负面情绪呢？接下来我们进入"欢欢喜喜'避坑'"的环节。请老师播放视频一，请家长思考启示。

主持人邀请家长分享感受。

预设： 家长之间可以一个唱红脸，一个唱白脸。当孩子与一方家长发生冲突时，另一位家长不要急于指责孩子。可以先听孩子倾诉，尝试与孩子共情，接着启发孩子学会换一个角度评价家长，让孩子发现家长的优点。

师总结： 情绪疏导的技巧在于让孩子始终感受到家长对他不变的爱，让正面情感抵消孩子情绪上的不满。这启发我们，在疏导孩子的负面情绪时，除了善于倾听，一定要帮助孩子获得正面情感。

主持人 B： 感谢老师，下面请您播放视频二。

主持人邀请家长分享感受。

预设： 家长给予孩子最重要的力量是陪伴，而不是一味地满足物质需求。家长面对挫折时的态度，是孩子最好的榜样。

师总结： 这段剧情启示我们，陪伴孩子贵在用真情进入他们的世界；让孩子接受心理挑战，哪怕可能有伤害，勇敢面对亲人的生离死别也是一种正向成长。

主持人 A： 老师分析得特别好，我想知道季扬扬后来跟父母的关系是如何改进的？（故作惊讶）我发现"季扬扬"的爸爸和他来到咱们班教室了，大家欢迎！

由班级里的学生和家长扮演季扬扬和他的父亲，上场。

主持人 B： 看"季爸爸"如何帮助"季扬扬"在日常生活的细节里表达

对妈妈的爱。（内容不统一，由孩子自己设计，比如为妈妈做一顿饭、送妈妈一束花、真心地赞美妈妈、耐心地陪妈妈聊天等。）

主持人 A："季爸爸"和"季扬扬"的表演真让我感动，我想采访一下同学，你想为自己的妈妈或者爸爸做哪些事？为什么？

学生陆续发言。

主持人 B：我觉得不仅是对父母和其他长辈，还有我们亲爱的老师和我们的朋友，甚至可以给陌生人一份力所能及的善意……

主持人 A：我赞成，如果情感体验能申请一个账户的话，当我们与周围人的情感账户里都是正数时，我们会获得一种非常愉悦的情绪。在这种积极情绪的感染下，我们肯定会更积极地面对学业和成长挑战，因为我们身后有那么多人支持和帮助我们！

主持人 B：对，相比方一凡、季扬扬，乔英子的故事就有点让人伤感了。作为一名妥妥的学霸，英子的愿望一直是读南大天文系，在学校组织的畅言会上，英子表达了这个想法，却再次遭到了父母的反对。懂事的英子虽然一直压抑自己，但最终有了抑郁倾向，要去跳海，幸好被及时发现。下面有请我们班的一组幸福家庭演绎另一个版本的"乔家故事"。

过渡：感谢演员们的精彩演绎。下面请演员小明上场，引导我们思考精力修复的问题。

设计意图 通过沉浸式表演和现场互动，使家长明白：帮助孩子疏导情绪，他们的精力才会更饱满。

第三环节　有效放松，精力修复更迅速

主持人 A：（不上场，画外音的方式）小明经过思维精力管理和情绪精力管理指导，终于进步了！为了奖励自己，他觉得周五放学先来一堆烧烤或者薯片、可乐、奶茶犒劳自己。饭后也不用立刻写作业，可以追自己最喜欢的剧或者打游戏，可是他又掉到"坑"里了：本来承诺的晚上 10 点半结束，

结果一玩就玩到了 12 点。第二天快 9 点了才起床，精力并没有因为前一天的"放松"而恢复！为了赶作业，他只能拿出番茄钟，强打精神，把原定的休息时间全部取消。好不容易在周日返校前完成了作业，可是到周一老师检查作业时发现，各科作业质量都有所下降，小明自己也觉得上课时没有原来状态好。各位叔叔阿姨，赶快来"捞"小明吧！

家长发言谈方法。

主持人 B：看来各位家长确实有进步。我简单总结了一下，可以从以下几个方面来尝试，比如健康饮食、高效睡眠、间歇锻炼、定期放松、转换思维等。但是我们平时在学校时间非常紧张，如何在几分钟内缓解压力，达到有效放松的效果呢？

主持人 A：你说到我心坎上了，别急，我们老师早有准备。有请老师给我们介绍一个超级实用的放松技巧——呼吸放松法。大家欢迎。

师：同学们依次躺在瑜伽垫上（不方便准备瑜伽垫的可以让学生坐在软椅上），家长坐在软椅上，根据我的引导语调整呼吸，我们尝试随着音乐沉静下来，松弛下来。

家长和学生按照教师的指令做。

主持人 B：我想现场采访一下家长和同学的感受。

家长和学生发言。

师：看来呼吸法确实很实用，但这种方法贵在坚持，除了呼吸放松法，还有聊天法、短期运动法、伸懒腰法、喝水法、音乐法……用一个方法或者几种方法交叉使用，都可以帮助我们在短时间里缓解压力。

 设计意图 通过活动，掌握科学放松的技巧。结合自身情况，既能单独运用，也可以尝试"套餐式"组合。

师：各位家长，最后有个抢答环节，请说出这次家长会中您记住的"捞"孩子出"坑"的方法。

家长们积极回答，教师同步出示 PPT。

师：看来大家的学习能力很强啊！给你们点赞！孩子的成长，你们一路陪伴，有苦有乐；未来的日子，希望孩子们能拥有幸福灿烂的人生！有请家长代表朗诵《小欢喜》电视剧主题曲歌词。

家长朗诵结束，主题曲音乐响起，其他学生和家长手拉手进入会场中心，在音乐中拥抱或者向对方说出自己的心声。

会议总结

初三是一场天天与时间赛跑的比赛，然而，这并不意味着在单位时间内完成的事情越多，我们的状态就越好。本次家长会，我们意识到要从单一的管理时间变革为管理精力，从而提高精力的储备和质量，避免精神内耗。希望各位家长能与孩子共同学习精力管理的方法，也愿孩子们轻装策马青云路，成功"避坑"放歌行！

会议延展

定期开展以"我们家的专属节日"为主题的家庭活动，在两个小时左右的时间内，可以一起享受精心制作的美食，可以一起垂钓，可以举行家庭运动会，可以一起看一场电影……在带有仪式感的"节日"中，享受亲情的滋养，让精力得到彻底修复。

（四川省攀枝花市外国语学校　冷丽霞）

19. 励志教育：
—— 策励奋进，助梦远行

| 背景分析 |

《中共中央、国务院关于深化教育改革全面推进素质教育的决定》明确指出，要"加强学生的心理健康教育，培养学生坚韧不拔的意志、艰苦奋斗的精神，增强青少年适应社会生活的能力"。而引导家长参与面向中学生的励志教育是实现上述德育目标的有效途径和手段。

初三直面中考，学生学习任务重、升学压力大。面对初三生活，学生极易出现疲惫、懈怠、意志消沉、丧失信心等情况。家长们也会产生焦虑情绪，对孩子前途充满了担忧。为了鼓舞士气，激励学生冲刺中考，有必要召开一场励志教育家长会。

本次家长会召开时间是初三上学期期末，参会人员是学生和家长。

| 会议目标 |

目标	家长	学生
知识层面	了解孩子当前的状态，认识到孩子存在的巨大潜能，知道策励孩子的科学方法。	了解自己当前的身心状态，知道自我激励的有效方法，认识到自身存在的巨大潜力和坚持的重要性。

目标	家长	学生
能力层面	能够运用恰当的方式激发孩子的潜能，提升自身策励孩子的能力。	能够运用有效方式来激励自己，提升自我激励的能力，不断追逐梦想。
态度层面	家长能够转变教育观念，并愿意在实践中尝试应用。	对未来充满信心与斗志，相信自己，勇敢追梦，永不言弃。

| 会议准备 |

1. 材料准备

（1）印制两倍于班级学生人数的"一般自我效能感量表"。

一般自我效能感量表

说明：以下 10 项是关于你平时对自己的一般看法，请你根据自己的实际情况，在后面合适的数字上打"√"。答案没有对错之分，对每一项无须过多考虑，如实填写即可。

评分：1= 完全不符合，2= 有点符合，3= 比较符合，4= 完全符合。阅读题目，根据自身情况选择相应的数字，测试后将数字相加得出总分。

1. 如果我尽力去做的话，我总是能够解决问题的。（1 2 3 4）

2. 即使别人反对我，我仍有办法取得我所要的。（1 2 3 4）

3. 对我来说，坚持理想和达成目标是轻而易举的。（1 2 3 4）

4. 我自信能有效地应对任何突如其来的事情。（1 2 3 4）

5. 以我的才智，我定能应付意料之外的情况。（1 2 3 4）

6. 如果我付出必要的努力，我一定能解决大多数的难题。（1 2 3 4）

7. 我能冷静地面对困难，因为我信赖自己处理问题的能力。（1 2 3 4）

8. 面对一个难题时，我通常能找到几种解决方法。（1 2 3 4）

9. 有麻烦的时候，我通常能想到一些应对的方法。（1 2 3 4）

10. 无论什么事在我身上发生，我都能够应付自如。（1 2 3 4）

（2）利用 A4 纸制作"关键词"卡片，如目标、态度、努力、方法、坚持、勇气等。

（3）打印游戏流程表、目标表格、行动路线图、困难清单、行动计划书、监督策励表。

2. 其他准备

（1）下载音乐《相信自己》和励志视频《永不放弃》。

（2）邀请家长代表分享其学生时代刻苦求学的故事。

| 会议过程 |

师：各位家长、同学，大家好。经历了初三上学期的学习，我们部分孩子出现了疲惫、懈怠、意志消沉等情况，严重的甚至丧志了信心，想要放弃。对此，家长们也心怀担忧，非常焦虑。现如今距离中考还有半年时间，我们召开"策励奋进，助梦远行"主题家长会，旨在帮助家长掌握策励孩子的科学方法，激发孩子自身的潜能，为冲刺中考作好准备。在会议正式开始之前，请同学们先完成一个小测试。（学生独立完成"一般自我效能感量表"）

设计意图 教师对本次家长会的召开目的进行简明阐述，并邀请学生填写"一般自我效能感量表"，为学生后续知晓、提升自我效能感打下基础。

第一环节　认识激励，感悟成功

1. 释标准，解疑惑

师：同学们，刚才我们完成的是"一般自我效能感量表"。它由德国柏林自由大学的著名临床和健康心理学家拉尔夫·施瓦泽（Ralf Schwarzer）教授等人编制，中文版由王才康等人（2001）翻译修订。我们先来看看大家的测评结果。（PPT 出示一般自我效能感评分表及其说明）

一般自我效能感评分表及其说明	
分数	说明
1 ~ 10	你的自我效能感很低，甚至有点自卑，建议经常鼓励自己，相信自己能行，正确对待自己的优点和缺点，学会欣赏自己。
11 ~ 20	你的自我效能感偏低，有时候会感到信心不足，找出自己的优点，承认它们，欣赏自己。
21 ~ 30	你的自我效能感较高。
31 ~ 40	你的自我效能感非常高，但要注意正确看待自己的缺点。

师：自我效能感是指个体对自己面对环境中的挑战能否采取适应性的行为的知觉或信念。在学习与生活中，一个相信自己能处理好各种事情，能够战胜各种困难的人往往表现得更积极、更主动。这其实就是个人自我效能感高的体现。

过渡：当然，测试结果只代表测试者主观的心理状态和自我认识，并不能完全反映出我们每个人客观的能力。事实上，我们每一个人身上都蕴藏着巨大的潜能，只是有待开发而已。口说无凭，让我们一起来观看视频《永不放弃》。在观看的同时，请家长与同学们一起完成表格中的数据统计。

2. 观视频，谈感悟
（播放励志视频《永不放弃》）

视频内容：

一名橄榄球运动员在教练的鼓励下超越自己的极限，平时大概只能爬行10码（大约9米），最后背着一个160磅的人爬完了100码（大约91米）。

教练喊话内容	对了（就是这样）	加油	别放弃	不要停	继续
次数统计	13次	15次	23次	3次	48次

师：看完了视频，请大家思考几个问题：（1）主人公的自我效能感如何？（2）他突破的关键有哪些？（3）你看完后有何感悟？

预设：

（1）由于主人公平时爬行 10 码都很费劲，因此他对于爬行更远的距离充满了不自信。可见，在这件事上他的自我效能感并不高。

（2）在我看来，视频中的主人公能够突破自己极限的关键一方面得益于自我的永不言弃，另一方面则得益于教练的不断激励。

（3）我觉得我们每一个人的潜能都是无限的。我们要始终相信自己的能力，敢于去挑战，去突破。

（4）我觉得在相信自己的同时也要相信自己的父母和老师，他们能够给予我们前行的力量。

师：大家都说得很棒。也许你的自我效能感并不高，但这也恰恰意味着你是有巨大潜能的。只要方法合适，每一个人都可以超越自己，创造奇迹。

过渡：在生活中，同学们就像视频中的主人公，而家长们就像视频中的那名教练。下面，就让我们化身为视频中的二者，通过一场游戏来寻找成功的秘诀吧。

设计意图 通过解释评价标准，使学生大致知晓了自我效能感的情况。同时，通过观看视频让家长与学生一方面看到个人自我效能感提升的巨大空间，另一方面对如何提升孩子的自我效能感有一个初步认识。

第二环节 体验磨砺，走向成熟

活动：亲子游戏，90 秒鼓掌。（PPT 出示）

1. 游戏要求

（1）以家庭为单位，每一个家庭即为一个小组。学生为选手，家长为教练。

（2）每一轮游戏结束后，每组需寻找出合适的关键词，并将其粘贴到黑

板上。（教师需提前将已制作好的"关键词"卡片分发给各组）

（3）挑战成功的小组在下一轮游戏中需提高目标，失败的小组则可在下一轮游戏中下调目标。

2. 游戏流程

	目标	成功与否
第一轮		
第二轮		
第三轮		
第四轮		

第一轮：预估目标首鼓掌。

师： 请各组预估本轮鼓掌数，并填写在表格中。预备，开始！

学生鼓掌。

师： 在本轮游戏中实际击掌数与预估数相差 5 个左右的小组请举手。请大家选出本轮你认为合适的关键词。

预设： 各组给出的关键词有目标、态度、努力、方法等。

第二轮：调整状态次鼓掌。

师： 请各组预估本轮鼓掌数，并填写在表格中。预备，开始！

学生鼓掌。

师： 请两轮游戏均达成目标的小组举手。请大家选出本轮游戏中较为合适的关键词，并谈一谈理由。

预设： 各组给出的关键词有目标、方法、坚持等。

师： 下面，请两次都达成目标的小组代表登台演示如何高效鼓掌。大家掌声欢迎。

小组演示。

第三轮：习得窍门再鼓掌。

师： 请各组预估本轮鼓掌数，并填写在表格中。预备，开始！

学生鼓掌。

师： 请上轮游戏中未达成目标，本轮游戏达成目标的小组举手。请大家给出关键词。

预设： 各组给出的关键词有方法、努力、坚持等。

师： 虽然只是一场游戏，但相信大家从中学到了很多，悟到了很多。下面请大家以小组为单位探讨感悟，稍后分享。

第四轮：总结提升后鼓掌。

师： 下面哪个小组愿意率先分享？

预设：

学生：端正态度，勇敢尝试，坚持不懈，讲究方法……

家长：作为家长，仅在言语上鼓励孩子是不够的，还需要在行动上给予孩子足够的支持……

师： 大家都分享得非常好。人生有时候如游戏一般。面对挑战，我们要树立恰当的目标，然后端正态度，勇敢应战。即使失败，我们也不能气馁，轻言放弃，而是要善于寻找方法，不断去尝试。获得成功，我们也不要得意忘形，而应该持之以恒，寻求更大的突破。三轮过后，相信大家对游戏有了更深的认识。大家敢不敢再尝试一次？

预设： 大家回答"敢"。

师： 那请大家重新制定一个合适的目标填写在表格中。预备，开始！（此环节可适当将时间延长 10 秒，争取让更多的小组达成目标。）

过渡： 中考备战如同鼓掌游戏一般，孩子才是真正的选手，家长与老师则像一名教练。教练固然重要，但冲刺中考的关键在于孩子自己，逐梦未来还得从引导孩子学会自励开始。

(**设计意图**) 通过多轮亲子游戏体验，不仅要让家长与孩子一起感受到成功的快乐，更要让其在感受成功的同时总结出提升自我效能感的一般方法。

第三环节　学会自励，逐梦成长

1. 校准目标明方向

师： 苏格拉底说，"认识你自己"。面对中考，只有正视差距，校准目标，才能让我们成长得更自信。下面，请家长与孩子一起回忆当初生涯规划课时制定的目标，并参照当前孩子的学习状态重新校准目标。协商完毕后，请填写目标表格。

2. 制定路线抓落实

师： 目标如同彼岸，距离现实还有一段距离。我们要想到达还需要制定确切的行动路线。请大家以时间为轴，与孩子一起制定详细的行动路线图。（PPT 出示）

时间	1月	2月	3月	4月	5月	6月
重要节点	如一轮复习	如英语口语	如一模检测	如体育中考	如志愿填报	如中考
完成任务						

3. 聚焦困难减阻力

师： 任何目标的达成都不可能是一帆风顺的。在冲刺中考的征途中，我们肯定会遇到不少困难。下面，请大家将能预想到的大大小小的困难全部写在纸上。

师： 有些困难是完全可以克服的，有些困难只要我们努力一点也是可以克服的。请大家仔细协商一下，划掉那些自认为可以克服的困难，剩下的就是需要我们定点攻坚的了。

4. 定点攻坚夺成功

师： 剩下的这些困难是我们最难对付的"敌人"，不过并非不可战胜。

在我们苏州有一位名人，他的名字叫范仲淹……（教师分享范仲淹"划粥割齑"的励志故事）除了名人，我们自己或者身边人都有过克服困难，取得成功的经历。哪位家长或同学愿意为我们分享一下呢？

预设：

家长：刚进入初中那会儿，我的英语水平在班里属于倒数。为了提升自己的能力，我抓住一切时间和机会疯狂练习，最终在高考中取得了满意的成绩。

学生：有一次，我摔断了右胳膊。为了不耽误学习，我强迫自己用左手去做很多事，比如看书、记笔记、写作业等。最终，我成功战胜了一切困难，学习成绩还进步了。

师：相信没有完不成的任务，相信没有克服不了的困难，相信没有战胜不了的敌人。如今，我们的任务是战胜学习路途上的"敌人"。为了保证完成这一任务，你觉得可以怎么做呢？（PPT 出示"行动计划书"）

行动计划书	
面对这些困难…… 我可以…… 我可以…… ……	面对这些困难…… 我需要家长这样帮助我…… 我需要家长这样帮助我…… ……

过渡：孩子的成长离不开家长的督促与勉励。如同视频中的教练一般，一位优秀的家长应该擅长有效地策励、激励孩子。

 设计意图　通过四个活动的设计，引导学生逐渐将自励落到实处，最终转化为可以实践的行动；同时积极寻求家长的帮助，在面对困难时更加有底气。

第四环节　懂得策励，助力成才

1. 育儿有方，家长们来支招儿

师：各位家长，陪伴孩子成长的过程其实就是一个不断自我反思、总结、

提升的过程。在这一过程中，我们会发现自己都会收获一些成功、有效的教育小策略、小点子。哪位家长愿意与我们分享一下呢？（PPT 出示"育儿小策略、小点子分享"）

预设：

（1）在平时，我都会陪着孩子一起学习。她做作业，我看书……

（2）我会给孩子一些自由的空间，遇事多听听她自己的意见……

（提前安排个别家长作好分享准备。）

师：同学们，刚才爸爸妈妈们进行了分享，但他们分享的方法、策略是否真正有效呢？为了让家长们能够更好地帮助自己，你们又有哪些建议呢？

预设：

（1）我觉得爸爸的方法非常不错。他会给我一些建议，但尊重我的想法和选择。

（2）在我看来，妈妈就是我学习的榜样。看着她认真学习的样子，我都会问自己有何理由不努力学习。

2. 策励有道，科学管理来帮忙

师：刚才大家听了部分家长所分享的教育高招儿，大家觉得这些教育的好办法、妙点子都蕴藏着哪些共通之处呢？

预设：

（1）都很有计划性，执行力也很强……

（2）都有一定的激励或惩戒措施，后续也有改进……

师：常言道，策励有道。科学有效的策励方式确实如此。需要有计划，有执行，有激励，有惩戒，有改进。下面，就让我们与孩子一起根据前面制定的路线图来完成表格填写。（PPT 出示"监督策励表"）

时间	计划	执行	激励或惩戒	改进
1月	如一轮复习	如抽查语文古诗词的背诵与默写	奖励或减少5分钟的自由时间	督促孩子有针对性地强化记忆

续表

时间	计划	执行	激励或惩戒	改进
2月	如英语口语			
3月	如一模检测			
4月	如体育中考			
5月	如志愿填报			
6月	如中考			

设计意图　该环节的设计一方面旨在通过引导家长分享教育经验，形成良好的家校共育氛围；另一方面则通过提炼有效教育经验的共性特征，帮助家长学会科学有效的教育方法，助其成才。

| 会议总结 |

各位家长朋友，今天我们学习了有效激励孩子的方法，相信大家一定收获颇丰。"纸上得来终觉浅，绝知此事要躬行。"距离中考还有半年时间，让我们一起努力，一起坚持，一起奋进。我相信只要孩子们肯努力，家长们会激励，每一个孩子都能创造奇迹，因为"一切皆有可能"！最后，让我们重做一次自我效能感测试，相信你们对未来一定会有不同的认识。（在《相信自己》的音乐声中，学生再次完成"一般自我效能感量表"。）

| 会议延展 |

（1）推荐家长与学生阅读励志书籍，观看励志电影。

（2）建议家长每周召开励志家庭会议，定期分享励志故事及感悟。

（3）发动家长与孩子一起制作"励志成长标语"，并贴在家里，让孩子看得见。

（江苏省苏州高新区第二中学　梁巍）

20.

分层研讨:
精准把脉，助力成长

▎ 背景分析 ▎

　　布鲁姆的"掌握学习理论"认为：如果学生在集体教学的基础上，辅以个性化的帮助和及时的反馈，并提供额外的学习时间，几乎所有学生都能达到预定的学习目标。

　　召开家长会可以集中交流学生问题，但全员参与的家长会缺乏针对性。对不同层次孩子出现的问题，分类研讨会更有针对性、更有效。

　　初三上学期，大多数的中等生成绩虽基本稳定，但由于种种原因前进乏力，如果激励、引领不当，极易掉队。所以，以中等生为主体，召集分层家长会十分必要。

　　本次家长会召开时间是初三上学期 9 月，参会人员是成绩中等的学生及其家长。

▎ 会议目标 ▎

目标	家长	学生
知识层面	了解中等生学习的现状。	能说出自己在初中阶段的学习困惑。

目标	家长	学生
能力层面	理性分析孩子成绩后劲乏力的五大原因；运用具体方法帮助孩子提升成绩。	找到适合自己的学习方法；能有针对性地分析自己的学习情况。
态度层面	以积极的心态接纳孩子的学习现状，积极引导其改变。	理性看待自己的问题；积极应对中考带来的挑战，促使自我进步。

会议准备

提前进行前期摸底调查，具体如下：

1.学生自评问卷。

（1）你对自己的学习成绩是否满意？（　　　）

A.满意　B.还算满意　C.不满意

（2）你认为你在学习上努力吗？（　　　）

A.很努力　B.还算努力　C.没努力

（3）你的求学目标清晰吗？（　　　）

A.很清晰　B.没有目标　C.有时候有，但不坚定

（4）在家和在学校的表现一致吗？（　　　）

A.非常一致　B.在校很乖，在家很叛逆　C.在家很乖，在校很叛逆

（5）你的个性属于哪种类型？（　　　）

A.盲目乐观型　B.自卑抱怨型　C.坚定自信型

2.教师心目中的你（邀请教师对自己进行评价）。

3.家长心目中的你（必含项目包括性格、优点、缺点）。

依据前期摸底调查结果，将学生分为三类：坚定自信优秀型、努力无果自卑型、盲目叛逆庸碌型。

| 会议过程 |

师： 各位亲爱的家长朋友，随着孩子们步入初三，作为家长的我们也面临着巨大的压力。为了帮助孩子调整状态，快速融入初三学习生活，今天我们召开"精准把脉，助力成长"主题家长会。

师： 今天与会的家长朋友们，我们的孩子都有一个共性——看上去很努力，成绩却一直在中游徘徊。我相信每位家长都希望自己的孩子变得更优秀。怎样才能助孩子一臂之力，让孩子从中等走向优秀乃至卓越呢？今天我们就来共同探讨一下这一问题。

第一环节　情景导入知现状

学生表演，情景还原：

女生平平在客厅安静写作业，妈妈端着一杯水走过来。

妈妈：平平，现在都晚上 10 点半了，还在学习？来喝杯水。

平平：妈妈，这道物理题我一直找不到合适的办法，急死我了。

妈妈：孩子，先别着急，真解不出来，明天可以问老师嘛。

平平：不行，我今天一定得解出来。

妈妈：平平，我看你天天一早就起床，一直学到很晚才回来，到家还要学习，妈妈很心疼你呀。

平平：妈妈，我也真着急，上次期中考试，本来我想着能考到班级前十名，可是……

妈妈：没事，上次考了班级前十八，还不错呀。妈妈也希望你考好，但妈妈文化水平低，想帮你也不知道怎么帮呀！

（平平脸色沉郁，有点想哭。）

妈妈：（抚着平平的肩）你一直很努力，爸爸和妈妈都看到了，只要尽力就行。我们真帮不到你呀！

平平：（哭了起来）妈妈，我没有埋怨你们的意思，我只是觉得自己很

失败，一直努力却达不到目标！（大声地哭了出来）

（剧终）

师： 各位家长，你们看到以上情景有什么想法？自家孩子是不是也很努力，却成绩平平，始终达不到我们的期待？我们的孩子是不是像平平一样陷入了"中等生困境"？

家长谈看法。

设计意图 通过情景对话还原，让中等生家长直面孩子成绩的现状，引导家长思考、查找原因。

第二环节　精准问诊明原因

师： 各位家长朋友，大家回顾一下自家孩子平时学习时的状态，思考一下，孩子很努力，成绩却不突出的原因在哪里？

家长与学生一起讨论、分享。

师总结： 中等生成绩不突出有五大原因：基础不牢、方法不当、心态不稳、习惯不佳、环境不好。

过渡： 通过大家的集思广益，我们找到了孩子成绩平平的原因，这有助于我们有针对性地帮助孩子。下面，我们一起交流该从哪些方面去帮助自家孩子提升成绩，找回自信。

设计意图 针对家长分享的孩子现状来进行讨论，更具真实性。教师及时总结归纳，深入挖掘问题本质。

第三环节　定向激励强助力

师： 各位家长朋友，我们大致厘清了自家孩子成绩不突出的原因，那么，我们作为孩子的坚强后盾，该怎样帮助孩子，让孩子的学习再上一个新台阶呢？

1. 优秀学生家长代表分享

师： 下面，我们有请 ×××（班级里的优等生）的家长分享他的育儿心得。

家长结合孩子的真实故事谈自己帮助孩子养成良好学习习惯、激励孩子不断进步的心得。

预设：

（1）帮助孩子设定具体的、可实现的目标，让他明确知道自己需要达到的水平。

（2）当孩子取得进步或达到目标时，及时给予表扬和奖励，激励他们继续努力。

（3）为孩子创造一个安静、整洁、舒适的学习环境，让他们能够更好地集中精力学习。

（4）在孩子学习遇到困难时，及时提供精神或智力支持和帮助，让他们感受到家长或老师的关心和关注。

（5）帮助孩子建立良好的学习习惯，如定期复习、规划学习时间等，让他们能够更好地掌握知识和技能。

（6）鼓励自主学习：让孩子感受到自主学习的重要性，鼓励他们主动探索和获取知识，培养他们独立思考和解决问题的能力。

师： 刚才家长代表谈了自己的育儿心得，具体到各个科目该怎样学习呢？我们一起来听听各科教师对大家的助学指导吧。

2. 各科教师分享各科特点及助力方法

预设：

语文：（1）多读各类书籍，积累词汇和语言表达，提高阅读理解能力。（2）多进行写作练习，积累写作素材，提高作文水平。（3）背诵经典诗文，积累语文知识，提高语文素养。

数学：（1）理解数学概念和公式，掌握解题思路和方法。（2）多做数学题目，尤其是中考真题，提高解题能力和速度。（3）总结数学知识点、考点和解题技巧，形成自己的知识体系。

英语：（1）多听英语音频，提高英语听力水平。（2）多说英语，提高英语口语表达能力。（3）多读英语文章，提高英语阅读理解能力。

物理、化学：（1）理解理化中的基本概念和定律，掌握解题思路和方法。（2）多做实验，加深对理化知识的理解。（3）总结理化知识点和解题技巧，形成自己的知识体系。

历史：（1）多读历史书籍，积累历史知识。（2）记住历史事件和知识点，提高历史素养。（3）分析历史事件和问题，提高历史分析能力。

道德与法治：（1）学生需要认真阅读教材，理解其中的概念、原理和观点。对于不理解的地方，可以及时向老师请教。（2）掌握解题技巧：考试通常包括选择题、简答题、论述题等题型，学生需要掌握各种题型的解题技巧，提高答题效率和准确性。（3）通过阅读新闻、观看政治节目等方式积累时事材料，了解国家政策和社会热点。

师：各科教师谈了如何指导孩子学习不同的科目，关于孩子学习还有哪些需要共同提醒的方法呢？下面我们来共同学习一下。

3. 班主任总结补充

（1）共析优势学科，增强自我效能感。

师解读：让学生反思自己在各个学科的学习经历，找出自己学得最好、最感兴趣的学科，分析自己优势学科的原因，强化肯定自己的学习能力，增强自信心。

（2）走出舒适区域，告别低效勤奋。

师解读：告诫学生不在已经学会甚至熟练的知识点上花费过多精力，要寻找自己的知识盲区，不断挑战自己的学习能力，尝试学习一些新知识、新技能，查漏补缺；不断拓展自己的知识面，提高自己的学习能力；制订计划，确定目标，让学习更有效率。

（3）用好错题集本，尝试刻意练习。

师解读： 在做作业或考试时，如果遇到不会做的题目或做错的题目，应该认真记录在错题集本上，包括题目内容、答案和解题过程等；认真分析错题的原因，找出自己的知识盲点，这样才能有针对性地进行刻意练习，通过反复做错题、查阅资料、请教老师或同学等方式来提高自己的学习效果。

（4）开好家庭会议，重设目标定位。

师解读： 家长在家里为孩子营造轻松舒心的家庭氛围，每周或每月定期召开家庭会议，站在理解和支持的角度，倾听孩子的意见和想法，尊重孩子的选择和决定，与孩子一起协商适合孩子的学习目标，并为孩子达成目标提供支持和帮助。

（5）做皮革马利翁，科学期待激励。

师解读： "皮革马利翁效应"即"期待效应"，是指人们对某个事物或人的期望，会对事物或人的发展产生影响。家长针对商议的学习目标，表达积极的期望和信任，关注孩子的学习过程，从学习资源、安排学习时间、解决学习问题等方面为孩子提供力所能及的支持，帮助孩子更好地实现学习目标。及时表扬和鼓励孩子的努力和进步，让孩子感受到自己的成就和价值，增强孩子的学习动力和信心。

过渡： 我们的家长和各科教师都为孩子提升成绩提供了详细的支持，相信在座的每位家长、学生都能从中找到适合自己发展的思路和方法。我们知道，世界上最远的距离是知和行的距离。如何把这些思路和方法落实到行动上，让学习更上一层楼，就要看各自家长和孩子的执行力了。

 设计意图 优秀生家长作分享，讲述家长在帮助孩子学习方面的做法，启发中等生家长找到中等生以后努力的方向，并作出改变，帮助孩子取得更大的进步。各科教师总结学习要点，更有针对性地助力学生学有目标，行有方向，全面发展。

第四环节 家校督导增心力

1. 签署协议书

师： 各位家长，心动不如行动。只有一流的执行力，才能成就一流的成绩。为了落实家庭助学目标，提升成绩，提振信心，我们设计了《家庭助力学习进步督导协议书》，请各位家长认真阅读，与孩子商议后共同签署，共同监督执行。如果有需要增删的条款，请家长与孩子商议后进行修正。此协议书一式三份，班主任、家长和学生各保留一份。

家长与孩子现场商议，签署《家庭助力学习进步督导协议书》。

家庭助力学习进步督导协议书	
学习目标	中考目标学校：　　　　　　　　　　　　　　总分目标：
学科成绩目标	语文：　　　数学：　　　英语：　　　物理：　　　化学： 历史：　　　道法：　　　体育：　　　实验操作：
家长寄语	
学生座右铭	
督导项目	家长责任： 学生责任：
家庭氛围	1. 单独为孩子设置书房、书桌 2. 态度平和，不施加压力 3. 尊重孩子的学习方式，不唠叨 4. 商议学习进步后合理的奖励方式 ／ 1. 定期整理书房、书桌 2. 定期与父母沟通学习情况 3. 商议奖励方式，重精神奖励，轻物质奖励
时间管理	1. 督促孩子合理作息、科学用脑 2. 与孩子商议制定时间安排表 ／ 1. 与父母商议制定每日时间安排表 2. 使用番茄工作法，有节奏地学习
日常生活	1. 保证孩子每日营养全面 2. 监督孩子少吃垃圾食品 ／ 1. 不吃垃圾食品 2. 保证早餐及全天营养均衡

学习进步	1. 发现孩子点滴进步，时常鼓励孩子 2. 与孩子一起设定合理的学科成绩目标 3. 督促孩子用好错题本 4. 询问孩子向老师、同学请教的情况 5. 与孩子商议中考目标学校，查找分数目标	1. 与家长一起设定合理的学科成绩目标 2. 完善各科错题本，时常翻看总结 3. 找到适合自己的各科学习方法 4. 每天至少向老师、同学请教一道题 5. 商议中考目标学校，明确分数目标
自我管理	1. 回家后，无事不玩手机 2. 每天半小时读书时间 3. 如孩子同意，一起在书房读书学习 4. 每周至少一天的亲子交流时间，每次至少15分钟 5. 商议补习薄弱学科方式（买教辅资料、上网课、请家教等）	1. 在家控制玩手机时间，每天不超半小时 2. 认真完成老师布置的学习任务，并根据自己的薄弱学科自选方式补习（每天10分钟） 3. 每周与父母交流至少15分钟（面谈或电话均可）
补充条款	1. 2. 3.	1. 2. 3.
双方承诺签字	家长：	学生：
时间	年　　　月　　　日	

2.同唱一首歌

师： 各位家长，各位同学，未来是光明的，努力是有效的，家长和学生是共赴同一目标的盟友，老师也是大家的最佳拍档，相信在未来的日子里，通过我们三方的努力，一定会让孩子走向优秀，走向卓越。我们要相信自己！

全体欣赏并齐唱歌曲《我们都是追梦人》。

设计意图：亲子商议签署协议书，将理念化为行动，相互理解，相互监督，增进亲子关系，保持目标一致。激昂的音乐将大家的情绪推向高潮，激励家长与学生共同合作，为未来更高的目标努力。

会议总结

本次家长会针对班级的中等生，聚焦"中等生困境"这一话题，共同查找原因，分析可提升的内容，由家长、学生、老师等从不同角度集思广益，共同助力中等生精准发力。在各学科学习和教育理念上给家长以具体的指导，最后组织家长与孩子签署《家庭助力学习进步督导协议书》，让行动落到实处，让学习有监督有方向。

会议延展

召开家庭所有成员专题会议，公布《家庭助力学习进步督导协议书》的内容，明确各自的职责；把《家庭助力学习进步督导协议书》张贴在家中显眼的位置，日常共同履行，设置奖惩措施。

（河南省滑县锦和街道英才初级中学　康磊）

21. 升学规划：
—— 芸芸众"升"，满载而"规"

| 背景分析 |

随着高考"专业导向"录考模式的改革，国家对初、高中阶段学生的培养提出了新的要求。"专业导向"的录考模式，要求学生尽早了解自己的兴趣、性格、价值观等特点和专业的倾向性，并根据自己感兴趣的方向，从知识、技能和素质等方面提升自己的升学竞争力，明确未来职业生涯的方向。进入初三升学阶段，有的家长对自己的孩子仍缺乏综合认识，升学规划意识淡薄。此时召开家长会旨在帮助家长学会综合看待孩子的情况，认识升学规划的重要性，掌握指导孩子开展升学规划的方法，从而引导孩子树立升学规划的意识，确定最佳的升学规划发展方向并形成正确的生涯观。

本次家长会召开时间是初三下学期3月初，参会人员是学生和家长。

| 会议目标 |

目标	家长	学生
知识层面	了解指导孩子开展升学规划的科学方法及积极意义。	增强对自我的认识，理解升学规划的意义及制定升学规划应该考虑的因素。

目标	家长	学生
能力层面	掌握并正确运用"五看"原则引导孩子创设升学规划最优路径。	能正确认识自己，并与家长、老师积极沟通，一起制定升学规划。
态度层面	认同"五看"原则，激发孩子内驱力，形成正确的升学观及长远生涯观。	愿意接纳独特的自己，确定最佳的升学规划发展方向，并形成正确的生涯观。

会议准备

1. 材料准备

学生近三次考试成绩单、升学资源包、梦想树卡片等。

2. 环境准备

提前安排好座位。

3. 其他准备

（1）下载视频《"杂交水稻之父"——袁隆平的故事》《四只毛毛虫的故事》以及学生升学案例视频。

（2）制作并发布电子邀请函、家长分组表。

（3）导师团队成员（学生代表、班级科任老师、学生家长代表、学校教务处主任、高中招生办主任）遴选及团队组建、团队前期沟通和协助等。

（4）学生和家长分别完成升学梦想卡、升学助梦卡，并装入升学圆梦袋。

（5）家长和学生提前用班主任提供的"MBTI测评表"和"霍兰德职业兴趣量表"进行相关测试，并记录结果。

（6）进行问卷调查，具体如下：

尊敬的家长，孩子们的健康成长是我们共同的期许，提前对孩子的未来进行规划指导也是家长们的必修课。为了促进孩子更科学地成长，现邀请您填写以下问卷。调查结果仅做研究使用，我们郑重承诺，保护您的隐私。希望您能积极配合，谢谢！

1. 您了解自己孩子的性格特点及爱好兴趣吗？（   ）

A. 非常了解　B. 一般了解　C. 不太了解

2. 您孩子目前的学业成绩能进入哪一类型的学校？（   ）

A. 示范性高中　B. 普通高中　C. 民办高中　D. 中职

3. 您是否了解中考和高考改革的相关政策？（   ）

A. 非常了解　B. 一般了解　C. 不太了解　D. 完全不了解

4. 您是否会指导孩子选择中考后的去向？（   ）

A. 会　B. 在考虑　C. 不知如何指导　D. 没有必要指导

5. 您是否了解不同类型学校的分数段、师资力量及地理位置？（   ）

A. 深入了解　B. 一般了解　C. 不太了解　D. 不了解

6. 对于孩子目前学习及身心状态，您的做法是（   ）。

A. 主动了解需求，有效陪伴，提供必要帮助

B. 孩子自己学会调整和适应，必要时提供帮助

C. 走一步看一步，学习是孩子自己的事

D. 没有做什么，不知道怎么做

7. 您认为引导孩子一起进行升学规划及未来职业规划有必要吗？（   ）

A. 非常有必要　B. 有些必要　C. 没有必要

8. 您认为在升学规划中，作为家长，您最大的困扰是（   ）。

A. 缺乏指导的专业知识，不知从何着手

B. 与孩子之间沟通困难，难以达成共识

C. 我们及孩子青睐的学校或者职业与孩子实际情况有差距

D. 其他_____（请注明）

9. 您对自己孩子的职业生涯是否进行过规划？（   ）

A. 有，对于短期（3～6年内的升学规划）、中期（职业规划）、远期（奋斗方向）规划与孩子都有交流，并作了清晰规划

B. 有，但仅与孩子进行了初中升学的规划，缺少长期规划

C. 有，但没有认真思考和研究过，也没有和孩子交流过

D. 没有

10. 学习升学规划方法指导，您最期待的指导形式有（　　　）。（多选）

A. 专家讲座　B. 专设导师团队指导　C. 学校老师指导

D. 往届家长学生介绍经验　E. 其他＿＿＿＿＿＿＿（请注明）

｜ 会议过程 ｜

（暖场：视频滚动播出研学花絮《走进梦想高中》。）

师：尊敬的各位家长、亲爱的同学们，大家好！中考即将来临，孩子即将面临升学问题。面对升学选择，家长们是否感到不知所措？如何消除自身焦虑，帮助孩子树立发展目标，确定最佳的升学规划发展方向呢？让我们一起走进"芸芸众'升'，满载而'规'"主题家长会，探讨正确的升学规划方法，引导孩子形成正确的生涯观。

第一环节　升学规划遇荆棘

1. 交换想法，引发共鸣

师：三个月后，孩子们即将面临升学选择，现阶段是否需要进行升学方向的思考规划呢？我想听听大家的想法。

家长自由发言。

师：大家想法不一。我们一起来听听这个故事，看能给我们带来什么启发。（播放视频《四只毛毛虫的故事》）

师：四只毛毛虫面对同一棵苹果树，明明同时出发，最后却只有一只得到了心仪的苹果，这是为什么？请家长组内交流并分享心得。

预设：有的毛毛虫没有规划，有的有规划；四只毛毛虫对自己的路线与目标有着不同的规划，最后导致了不同的结果……

师： 大家的发言引发了我们的共鸣：第一，现阶段要开启对初中毕业升学的规划和思考，因为机会是留给有准备的人的；第二，对自己的未来生活要进行科学规划，这样可以少一些遗憾、多一些精彩。

过渡： 既然现阶段有必要作升学规划，那我们需要掌握哪些升学规划知识，才能唤醒并指导孩子开展升学规划呢？会前我整理了问卷调查结果，发现升学规划路上大家遇到的困惑还真不少。今天我们将围绕几个比较集中的问题，一起学习、探索升学规划的正确路径。

2. 分类整理，聚焦问题

（PPT 出示"核心问题"，同步张贴在梦想树旁。）

NO.1: 初中毕业孩子的去向

NO.2: 家长和孩子如何保持规划的一致性

NO.3: 怎样帮助孩子选择适合的学校

NO.4: 各类学校的招生政策

NO.5: 升学途径及实现方法

NO.6: 孩子的成绩如何有效提升

NO.7: 今年中高考的形势变化

NO.8: 孩子初中毕业考不上高中，无书可读怎么办

设计意图 以故事引发共鸣，树立升学规划意识，引发家长对孩子升学规划的思考和重视。借助前期升学规划问卷，呈现本班情况，聚焦升学规划中的问题，为下一环节作铺垫。

第二环节　各方支招扫路障

1. 名人引路，栽种梦想

师： "杂交水稻之父"袁隆平生长在大城市，怎么会去学农、研究水稻

呢？接下来，让我们了解袁隆平的成长故事，同时思考他成功的一生有什么值得我们借鉴的。（PPT 出示视频《"杂交水稻之父"——袁隆平的故事》）

师：看完袁老的故事，你们觉得对我们升学规划有什么启示？

预设：袁老从小有自己的梦想，升学规划时能坚持自己的梦想，说明我们要结合孩子的梦想确定升学目标；袁老对自己的梦想善于坚持，为了实现梦想，他和科学家们一直在努力，最终在现实与梦想中获得了成功与尊重……

师：祝贺大家从袁老身上找到了科学开展升学规划的技巧：结合孩子的兴趣和能力确定梦想；坚持梦想，做有准备的人。（将"兴趣和能力""拥有梦想""坚持梦想"等词条同步张贴在梦想树旁）

过渡：接下来，大家打开圆梦袋，取出之前填写的"开学梦想卡"及"开学助梦卡"，父母及孩子交换查看对方心目中的目标学校，然后针对"毕业去向"这个话题进行交流，并陈述理由，沟通后可修改目标学校。

2. 同伴探路，呵护梦想

师：刚刚亲子间交流顺畅并在学校类型上选择一致的家庭，请举手。

师：你们是怎么做到的呢？分享一下秘籍吧！

预设：我们彼此能耐心倾听；我们能表达选择这所学校的理由；我们支持认可孩子的选择……

师：再次祝贺大家在这一环节又找到了升学规划的技巧：注重沟通，沟通时要信任、尊重、认可对方。（张贴词条"信任""尊重""认可"在梦想树相应问题旁）下面请家长们运用沟通秘籍，与孩子再次沟通并按"冲 A—稳 B—垫 C"三个梯度在增值卡上依次写下期待的三个去向。

初三芸芸众"升"增值卡					
姓名：	班级：		学号：		
初中毕业去向	A 去向		B 去向		C 去向

过渡：几轮活动下来，我看到了父母与孩子在做法上的一些变化：孩子心中有了梦想学校，亲子间开始尝试深入沟通，交流也多了尊重与认可。那么，大家在增值卡上所填的去向是否为最优选择呢？追梦路上是否有更好的圆梦路径呢？让我们继续学习。掌声有请学校升学规划导师团队对我们进行更专业的指导。

3. 导师指路，浇灌梦想

教务主任：各位家长好！先与大家分享一个升学规划的真实案例，请你们在观看过程中对比自己孩子的情况，想想从中获得什么启示。

（1）情景再现，浅谈做法。（PPT 出示案例视频）

视频内容：

兰兰是一个从小爱唱歌的女孩，在老师和家长的支持下，一直坚持音乐学习，多次参与声乐比赛和展演活动，并荣获多项荣誉。文化学习方面，兰兰在数学学习上缺乏自信，因为数学不好，也影响了物理、化学的学习，初三第一个学期期末考试成绩下滑厉害。面对 5 个月后的升学抉择，兰兰和家人一度感到茫然无措。随后导师对他们进行了升学规划指导：

第一步：老师指导家长运用 MBTI 测评及霍兰德职业兴趣测试方法，让兰兰进行相关测试，帮助他们获取兰兰个人兴趣、性格和职业方向等信息，更好地发现自己的职业潜能。随后父母与兰兰进行深入沟通，了解兰兰的想法和现阶段的困惑。

第二步：根据测试结果，家长进一步支持兰兰对声乐的追求。家长结合升学资源包，了解招生政策及招生要求等。

第三步：家长利用朋友资源，带兰兰去意向学校参观，进一步确定兰兰喜欢的学校，并在朋友的引荐下跟随更为专业的声乐老师学习。

第四步：家长主动找班主任及科任老师沟通交流，将模拟考试成绩与意向学校录取分数线进行比对，列出分数差；确定可提升的科目及提升办法；找心理老师缓解学习上的焦虑情绪。

第五步：家长及时关注招生信息变化。假期走访职业学校，了解此专业相关信息等，并进行职业体验，学习与未来职业相关的技能。

做完这些工作，兰兰和家人最终商定如下：

初三芸芸众"升"增值卡						
姓名：兰兰		班级：1907		学号：31		
初中毕业去向	A去向	示范中学音乐班	B去向	普通高中实验班	C去向	艺术类职业学校

教务主任： 看完这个案例，有哪些做法是值得大家借鉴的呢？请家长们讨论，讨论时请大家以"进行升学规划，要参考……"来表达想法，然后提炼关键词写在卡片上，并张贴在梦想树上。

预设： 要参考孩子现在的成绩适合读什么学校；要参考孩子的性格和心理特点；要参考不同学校的招生政策；要结合孩子现有的能力帮其提升成绩。

（2）导师支招，"五看"法宝。

教务主任： 大家在梦想树旁贴出来的方法，非常好。下面请导师从不同角度点评，也请大家边听边记录有帮助的信息。

心理老师： 要看见孩子。（张贴词条"看见孩子""职业兴趣""个性能力""心理特点"等在梦想树旁。词条与家长张贴重复的不张贴）兰兰家长眼中有孩子，通过与孩子沟通、测试等，充分了解孩子的兴趣、能力、个性、需求等。

招生办老师： 要看准学校。（张贴词条"看准学校""招生政策""地理位置""高考情况"）在确定走专业路线后，兰兰一家及时关注意向学校的招生政策，使选择更精准。现在学校为大家准备了规划大礼包（见附件），家长可关注意向学校的相关信息。

兰兰妈妈： 要看好资源。（张贴词条"看好资源""资源梳理""学业提升""职业体验"）梳理身边资源，帮助孩子发展专业、提升学习成绩、进行职业认知等。

招生办老师： 近几年政策变化快，要看清形势。（张贴词条"政策变化""人才需求""大学专业"）推荐家长使用升学资源包中的中考大事月历、志愿填报指南。志愿填报要形成梯度、遵从意愿，鼓励学习暂时困难的孩子填报职业院校学技术，通过职院高考班走进大学。

教务主任： 我作为导师组组长，提醒各位家长要长远地看待孩子的未来。（张贴词条"看向未来""职业方向""性格测试"）每个孩子学习能力不同，我们可通过性格测试、学习规划及职业体验，找准未来的职业方向，告诉孩子要坚持学习，启发孩子用变化的眼光看待自己。

师： 通过案例分析及专家们的支招，我们发现用好"五看"法宝，能为孩子的未来增值。（PPT 出示）

"五看"原则：看见孩子、看准学校、看好资源、看清政策、看向未来。

师： 大家猜一猜兰兰最终的去向吧。

大家纷纷猜测。稍后，兰兰出场。

兰兰： 各位叔叔阿姨好，科学的升学规划让我有了清晰的目标和正确的做法。我最终以专业全市第六、文化分数过线 10 分的成绩考取了示范高中的音乐班。

师： 是的，运用科学的方法进行升学规划，孩子更有希望考上理想的学校。下面我们进入答疑环节，家长可以大胆提出疑问。

导师团队 10 分钟答疑，与家长互动。

过渡： 由于时间有限，还有疑问的家长可以将问题记录下来，发送到指定邮箱，我们将在后期为大家进行门诊式答疑。

 设计意图 结合案例、邀请导师，引导不同层次的学生及其家长了解"五看"原则，并学习运用"五看"原则，开启合理规划之路。

第三环节　亲子同心奔前路

师：先请孩子与家长认真查看"初三芸芸众'升'增值卡"的内容并商议填写，如有疑问可随时向身边的导师求助。

1. 共谋良方，模拟填报

（PPT 出示）

请按以下要求，填写"初三芸芸众'升'增值卡"，为孩子升学助力。

（1）了解填写须知，亲子间进行商议。

（2）与孩子们一起完成中考志愿模拟填报，填写第一志愿、第二志愿、第三志愿学校。遇到问题可现场求助导师。

（导师分到各小组进行关注，及时答疑并收集现场典型案例。）

初三芸芸众"升"增值卡						
姓名：		班级：		学号：		
初中毕业去向	A 去向		B 去向		C 去向	
我的现状（近三次模考）	差距	名次： 分数：	差距	名次： 分数：	差距	名次： 分数：
能力态度	自律指数	☆ ☆ ☆ ☆ ☆	能力指数	☆ ☆ ☆ ☆ ☆	抗挫指数	☆ ☆ ☆ ☆ ☆
性格类型			未来职业方向			
特长分析	专业型（　　） 爱好型（　　） 参与型（　　　）					
助力资源	家长可提供的资源： 孩子自己可寻的资源：					
提分科目及措施	语文（　　）　数学（　　）　英语（　　）　物理（　　） 化学（　　）　政治（　　）　历史（　　） 提分措施：					
目前急需解决的问题						

目前可行的措施				
分解目标	3月	目标		目标达成情况：☆☆☆☆☆
	4月	目标		目标达成情况：☆☆☆☆☆
	5月	目标		目标达成情况：☆☆☆☆☆
	6月	目标		目标达成情况：☆☆☆☆☆

2. 专家点评，肯定做法

专家根据现场观察，选择典型案例进行点评，进一步肯定并明晰家长的正确做法。

 设计意图 通过案例分享，模拟填报中考志愿，让家长掌握并运用"五看"原则，增强规划自信。

▎ 会议总结 ▎

梦想树承载着每一个家庭美好的梦想，今天在这场学习和实践兼有的家长会上，我们学习了升学规划的一些科学做法，希望大家主动走近孩子、尊重孩子，不断进行生涯探索，引导孩子精准规划。愿芸芸众"升"，满载而"规"。

▎ 会议延展 ▎

（1）家长主动学习家校共育课程之生涯规划课程。

（2）在家庭陪伴日，亲子深入沟通，形成共识。

（3）家长和孩子一起在实践中科学调整升学规划。

（4）及时收集困惑，并作好指导。

附件：

升学资源包	
序号	资料名称
1	综合素质测评表及上传要求
2	本地普通高中招生方式解读
3	志愿填报指南
4	中考大事月历
5	多元升学路径表（含提前批、艺体科技生招生项目及时间安排表）
6	本地中考志愿填报流程、时间和相关政策
7	本班拟报考热点学校介绍
8	新高考选班攻略
9	普通高中招生计划
10	职业学校招生计划
11	"MBTI 测评表"和"霍兰德职业兴趣量表"，相关测试说明链接
12	《这是一个变化的世界》视频链接、《新 360 行：2021 年青年新职业指南》

升学梦想卡（学生填写）			
梦想学校	1.	2.	3.
兴趣爱好	1.	2.	3.
优势科目			
薄弱科目			
期待得到的帮助			
给父母的话			
升学寄语			

升学梦想卡（家长填写）			
期待学校	1.	2.	3.
孩子兴趣爱好	1.	2.	3.
孩子优势科目			
孩子薄弱科目			
可给孩子提供的帮助			
升学寄语			
您的困惑			

（湖南省长沙市长郡外国语实验中学　徐畅）

22. 挫折教育：
—— 乘风破浪，逆风飞翔

| **背景分析** |

　　教育部颁布的《中小学德育工作指南》明确倡导教师与家长帮助学生逐步适应生活和社会的各种压力，并着重培养学生应对失败和挫折的能力，促使学生形成良好的意志品质。初三学生处于初中阶段的关键期，面对升学压力骤增，易产生焦躁不安的消极情绪。家长是学生挫折教育的关键力量，但目前部分家长缺乏挫折教育的观念，面对受挫的孩子缺乏科学且正确的引导和支持。因此，召开关于挫折教育的家长会，交流提升家长们的教育能力，使其掌握科学的挫折教育方法，对于帮助孩子提升抗挫能力就显得十分必要。

　　本次家长会召开时间是初三下学期期中，参会人员是学生和家长。

| **会议目标** |

目标	家长	学生
知识层面	认识挫折教育中的常见误区，了解帮助孩子从容、科学应对挫折的沟通方法。	正确认识挫折，了解挫折出现的普遍性和两面性，形成正确的挫折观。
能力层面	能够识别孩子受挫信号，并具备帮助孩子科学应对挫折的能力。	能够客观、全面地认识自我，学会提升自身的抗挫力。

目标	家长	学生
态度层面	充分共情，理解孩子的情绪与压力，并积极提供情感支持。	相信挫折的价值，感受外界情感支持力，树立乐观积极的心态。

会议准备

1. 材料准备

画有黑点的白纸（每个孩子一张）、气球、便利贴、乔哈里窗表格等。

2. 环境准备

可以亲子并排坐的教室。

3. 其他准备

（1）要求家长录制一段鼓励孩子的视频，并至少提前一周将所有的视频剪辑在一起；家长准备一封书信，内容包含其所看到的孩子的进步、成长点滴、对中考的鼓励。

（2）教师准备一段舒缓感人的音乐。

会议过程

师： 各位家长，大家好！欢迎大家前来参加本次家长会，今天的主题是"乘风破浪，逆风飞翔"。如果把初中三年比作一次航海旅行，那么中考就是航海的目的地，许许多多的船只在海浪中向前行进，每一次的风浪翻腾都是对船的考验。请大家与我一起想象：我们这艘船正在海上远航，此时，海面上吹来一阵狂风……

第一环节　晴雨监测表

1. 大风吹

师： 这个游戏的名字叫作"大风吹"，被"吹"到的同学和家长请起立。下面游戏开始。

"大风吹"—"吹什么"—"吹戴眼镜的人"（戴眼镜的同学和家长起立）—"请坐"。

"大风吹"—"吹什么"—"吹短头发的人"（短头发的同学和家长起立）—"请坐"。

"大风吹"—"吹什么"—"吹认为擅长语文/数学学科的人"（认为擅长语文/数学学科的同学起立）—"请坐"。

"大风吹"—"吹什么"—"吹害怕考试的人"（考试焦虑的同学起立）—"请坐"。

"大风吹"—"吹什么"—"吹认为自己遇到阻碍、挫折、压力的人"（对应的人起立）—"还是有不少的人曾经或正在遭遇'风浪'，请坐"。

师： 我们的桌子上放着若干个气球。什么人、事或念头、经历让你觉得有压力、有挫败感呢？把压力、障碍吹进气球里，写在气球上，比如成绩退步了、努力却没有获得理想成绩、与同学相处不融洽。请从桌上随机拿一个气球，用力吹但不能吹爆。如果一个不够，可以多吹几个气球。保护好你的气球，接下来的时间里你要一直和它相处。

过渡： 孩子们此时就如同船只遇到了大风大浪，每个人的情绪和表现就如同船上的"监测表"，作为家长的我们如同舵手，我们是否留意到"监测表"上的信号？

设计意图 通过游戏创设氛围，让同学们在游戏情景中真实反映焦虑与困难。家长作为旁观者观察、了解孩子面对的问题。

238　————————　创意家长会（初中卷）

2. 信号识别

师：（情景判断）当我们遇到风雨时，舵手们需要观测晴雨表。孩子们是否曾有如下表现？请家长举手。（PPT 逐一出示）

1. 失败后会懊恼、生气，甚至攻击他人。（情绪暴躁）
2. 轻易说我不会，不愿意寻求解决问题的方法。（不愿吃苦）
3. 做事情无法长久地坚持下去，经常半途而废。（做事缺乏毅力）
4. 经常指责他人，把失败都归结于他人，或者动不动就觉得是他人的错。（自私）
5. 事事争第一！拿不到第一很懊恼！（好胜心强、有斗志）

师：孩子们不愿吃苦、缺乏毅力、情绪暴躁、好胜心强等种种表现，究其根本是孩子的抗挫能力弱。那么，我们如何帮助孩子呢？

师：（误区呈现）面对这些信号时，你是如何应对的呢？当你开始回想与思考这一问题，就进入了对挫折教育的探索。（PPT 出示）

信号应对：
1. 打击与否定，锻炼孩子的耐受力。
2. 要让孩子学会吃苦，培养其生存能力。
3. 我们需要设置挫折情境让孩子受到教育。
4. 孩子会越挫越勇，我们不需要干涉。
5. 让孩子自己面对并解决困难。
6. 批评就是力量，与孩子较劲，让孩子服输。
7. 害怕孩子吃苦，过于担心，万事包办，乃至溺爱。

师：挫折教育≠制造挫折，挫折是成长路上的垫脚石，但垫脚石也可以成为绊脚石。就像手中的气球一样，随时有爆破的危险。教给孩子应对挫折的态度和方法是我们家长的一门必修课。

过渡： 经过风浪的洗礼，眼前出现了一座宁静的心灵小岛，岛上有许多宝藏。

设计意图 利用情景判断和误区呈现的方式，呈现家长在孩子遇到困难与学习压力大、考试失意焦虑时的误区与错误做法，激发家长学习的兴趣。

第二环节　心灵栖息地

师： 现在，让我们在心灵小岛的一处栖息地停下来思考。我们的面前，放着这样一张纸……

1. 黑点游戏转观念

流程：

第一步：每位同学都会拿到一张白纸，奇怪的是纸上都有一处大黑点。你会怎么处理它？请家长协助一起完成。

第二步：（预设）（1）把黑点用涂改液涂掉或者撕掉黑点等方法，都会留下印记，或者清除不干净，或者留下不可逆的痕迹。（2）保留原有黑点，在黑点上进行创作，使其成为新画作的一部分。

教师展示现场优秀的作品或提前准备好的作品照片，比如：把黑点当作花蕊，旁边画上花瓣和枝叶；把黑点当作一只眼睛，画上另外一只眼睛和笑脸。

第三步：家长和学生谈感受，表达感悟。

师： 黑点就像是过去的失败、挫折，如果我们仅仅看到黑点本身，掩盖、擦拭都是徒劳的，我们依然深陷泥淖；但当我们转换思维，把黑点当作美丽的花儿的一部分，那么我们就会发现，它蕴含着希望和力量。我们无法改变过去，但可以改变当下。（PPT 出示）

在积极心理学的 ABC 理论里，激起情绪与行动的因素是每一个人对待某一事物的观点与信仰，而我们的感知则被我们的思维所主导。简而言之，像悲痛、欢愉、自责、愤慨、自负等情绪，并非只取决于所经历的事件，它们同样是由我们对这些事件的看法和信仰塑造的。

过渡： 在孩子遭遇挫折时，我们是如何应对的呢？

设计
意图 通过黑点游戏体验，使大家转变观念，明白挫折会使人产生消极情绪，也蕴含着希望和力量。

2. 活动设置：角色互换明心结

第一步：表演情景剧《成绩出来了》。孩子扮演家长，家长扮演孩子，演绎没考好时，男孩放学回家与妈妈的对话。

妈妈：听说学校考试了，成绩怎么样？

男孩从书包里拿出成绩单递给妈妈。

妈妈：怎么英语还是这么差？

男孩：可是这次我其他科考得很好啊！

妈妈：别说其他科，英语一直是你的弱项，你找过原因没？

男孩：我有努力啊！

妈妈：还是这么点分，你努力什么了？每天回来也不见你复习功课。你看隔壁的小王考得多好，这次又是年级前十。你怎么还有心思玩？

男孩：我每天从早上 6 点到晚上 10 点一直在学习，我也是人，我也很累啊！

妈妈：你跟我说累？我跟你爸为了你每天起早贪黑，我们说过累吗？你看看你，吃的穿的哪个不是你喜欢的？你对得起我们吗？让你好好学习，还不是为了你的前程着想……

男孩：……（无语）

（也可多请几组家庭表演，角色对换，再现平时的真实情景。）

第二步：沟通体验：平时我们以家长的身份看事情，今天从孩子的角度谈感受，为什么沟通进行不下去？问题出在哪里？

第三步：分享感悟，找准症结。分享过后，老师分析。

（1）"伪"沟通："听说学校考试了，成绩怎么样？""怎么英语还是这么差？"

师：内容局限于学习和日常生活，并不触及孩子内心的感受。

（2）"自以为是"的沟通："你努力什么了？""你怎么还有心思玩？"

师：在遇到挫折时，家长的主观臆断和自作主张，让孩子百口莫辩，不被了解，从而懒得理父母。

（3）"宣泄情绪"的沟通："你跟我说累？我跟你爸为了你每天起早贪黑，我们说过累吗？你对得起我们吗？让你好好学习，还不是为了你的前程着想……"

师：父母把所有的委屈一股脑向孩子宣泄，孩子同时背负双重压力。

（4）"比较式"沟通："你看隔壁的小王考得多好，这次又是年级前十。"

师：孩子在不断被比较中，伤了自尊，丢了自信。

过渡：通过前面的活动，我们应该看到，许多问题产生的根源就是沟通不当。看，前方有一个加油站，我们一起给自己加加油吧！

 设计意图 家长和孩子角色互换模拟真实情景，细细品味日常生活的对话中存在着哪些特点，引发思考。

第三环节　解忧加油站

师：快来快来，加油啦！首先是沟通加油站。

1.沟通加油站
科学安慰懂方法：尝试在沟通中加入三个概念——永久、普遍、个人。（PPT出示）

1. 永久。从时间和发展的角度安慰孩子：这件事情不会永远都是这样。

2. 普遍。实质也是从多元的角度安慰孩子：你在数学学习方面有短板，在英语学习方面有亮点；你在做这件事上有困难，在做那件事上有天赋和进步。

3. 个人。这种情况也发生在其他的孩子身上，你不是最不幸运的那一个；这件事情由很多因素导致，有时候生活就是有一些意外因素。

科学沟通引需求：

共情（关注并接纳情绪和感受）—倾诉（引导倾诉心事，缓解压力）—提问（引导孩子正确归因）—肯定（看到孩子过程中的闪光点）—建议（给予合理的期待）。

师： 让我们重新关注《成绩出来了》的情景，尝试科学沟通的方法。

预设：

（1）你今天考试是不是没考好？如果愿意的话，你可以告诉妈妈，妈妈陪你一起分析原因，一起想办法。

（2）孩子情绪低落说明他自己心里已经很不舒服了，我们就不能再责备他了。我们可以说："我知道这次没考好你心里不舒服，妈妈看你这样也很心疼，学习上是遇到什么困难了吗？妈妈愿意听你说一说。"

过渡： 沟通的核心就是能够在话语中加入"永久、普遍、个人"概念。感谢刚才勇于尝试的家长。接下来我们进入认知加油站。

 设计意图 在活动过程中，教师引导家长通过尝试对话练习，帮助家长掌握正确的沟通方式。

2. 认知加油站

提升耐挫能力的关键在于全面认知自身，发掘自身已知与未知的潜能，引导建立"天生我材必有用"的观念，以乔哈里窗和优点轰炸的方式来发掘自身的价值优势。

3. 活动：运用乔哈里窗帮助孩子全面认识自我

操作方式：

参与人：自己、家长、同桌、老师（需提前完成）。

教师下发准备好的便利贴给学生与家长，学生需完成两张：一张写自己的优点与优势，一张进行对同桌的优点轰炸。家长写自己孩子的优势，教师则下发对学生的教师评价（会前已完成）。书写时尽可能多角度地记录优点。

待四张便利贴完成（自我评价、同伴评价、家长评价、教师评价）返回到学生本人手上，教师下发乔哈里窗表格，学生汇总完成自己的乔哈里窗（优势整理）。

乔哈里窗——带你看到价值优势	
开放区（自己知道，别人也知道的优势）	盲区（自己不知道，别人知道的优势）
隐藏区（自己知道，但别人不知道的优势）	未知区（待填写）

师： 让我们来看看四个区域分别代表着什么。（PPT 出示）

1. 开放区：这一部分是自己知道，并且别人也能看到的优点和优势。通过梳理聚焦在自己的优势上，发现自己很棒。

2. 盲区：这一部分属于自己不知道，别人知道的。原来自己很好，发现更加全面的自己，找到自信。

3. 隐藏区：这一部分是自己知道，但别人不知道的。目的是发现自己本可以发挥的潜能和优势，需要在这个区域为自己树立一些中长期的、切实可行的目标。

4. 未知区：代表未被发现的天赋、潜力，但并不表示它们不存在，需要通过自己的觉察，有意识地去探索和发现它们。

过渡： 通过表格，有没有发现，原来我们拥有那么多的优点。此外，应对困难，还需要我们拥有积极的信念。

通过乔哈里窗这一工具，家长发现孩子的多元优势，孩子更加全面地认识自己，用积极的眼光看自己、看他人，有效地应对挫折，锻炼心理韧性。

4. 积极信念加油站

师：当挫折来临时，积极心理学认为，错误的思维模式经常会让人对问题产生错误的理解，随后导致错误的解决方式。

活动一：针对孩子在气球上写下的遇到的挫折，家长用这些问题让孩子挑战思维陷阱，形成积极信念。（PPT 出示）

1. 五年后再回头看今天遇到的困难或挫折，你可能会有什么不同的看法？你觉得还有这么严重或难受吗？

2. 你是否忽视了一些属于自身的长处和正向影响？

3. 如果你最好的朋友或你最关心的人有这种想法，你会对他们说什么？

4. 是否有一些经历能证明，你现在这个想法也不是完全正确的？

5. 当你的情绪没有这么糟糕的时候，你会对目前的情况有什么不同的思考？

6. 你是否在没有充分证据的情况下，过快地得出了一个结论？

活动二：针对挫折与失败，用"不幸的是……幸运的是……"造句，用"暂时不行"替代"就是不行"造句。

过渡：油加满了，准备起航，岛主送来一份"补给包"，请享用！

本环节旨在通过亲子问答和造句练习，加强孩子从积极的视角思考问题的意识，从而形成积极的信念。

第四环节　心灵补给包

师：在挫折面前，外在的支持至关重要。心理韧性并非来自"孤胆英雄"！

（1）播放家长事先准备的鼓励视频。

（2）家长将书信交给孩子（现场打开，文字的力量能打动人）。内容上以肯定孩子、多元期待、鼓劲为主。老师配合播放舒缓感人的音乐。

过渡：同学们，请别忘记，爸爸妈妈永远是你们坚强的后盾，有了他们，你们就不会被大风吹倒！

设计意图 通过家长表达温暖的关怀和期待，以情动人的方式，让孩子真切感受到来自父母的情感支持，增强心理韧性。

（3）活动设置：压力气球爆破。

师：现在，请同学们仔细端详面前的气球，这个承载着压力和不适情绪的气球，整个活动过程中都需要你们用心呵护，不让它爆掉，也挺累的吧！现在我们将以一种特别的方式跟我们的气球集体告别。

师：倒数 321，中考大捷，然后用自己的方式爆破它。

设计意图 仪式感是为了主动制造一些积极的心理暗示，有助于赋予意义，缓解压力，表达需要，促进正面情绪的产生。

| 会议总结 |

孩子遇到挫折和失败的时候，正是家长对他们进行挫折教育的最佳时机。通过倾听、理解、接纳和支持，有助于帮助孩子正确处理负面情绪，并让孩子认识到失败和挫折是不可避免的，而一时的失败并不可怕。我们行走在变得更好，或是追求更好的这条路上时，总会感受到一些困难和风浪，这都是正常的。在这个过程中，你不是一个人在战斗！让我们心怀希望，勇敢地朝着逆风的方向前进！

会议延展

（1）解忧杂货铺（班级设立解忧信箱，学生可以将学习、生活中的困惑匿名投入信箱，每周由同学们书写解决方案和秘籍张贴在后墙上）。

（2）阳光语录（在黑板上开辟"阳光心语"板块，每人每天一句励志阳光话语，激励别人的同时也激励自己）。

（广东省佛山市外国语学校　赵鹏)

23. 升学减压：
升学减压阀，总有一款你需要

| 背景分析 |

《中小学德育工作指南》指出，初中阶段需要"掌握促进身心健康发展的途径和方法"。中考对初三毕业生而言，是人生中第一次大挑战。面对升学，家长和学生在思想上和心理上都会有较大压力。尤其是在初三冲刺阶段，学习进入到了复习"高原期"，有的学生有情绪波动，有的学生出现食欲不振、失眠多梦等现象，有的学生开始变得迷茫，有的学生又过于放松。对此，很多家长也不知所措。因此，有必要召开一次家长会，帮助家长引导学生减缓考试压力，平稳度过焦虑期。

本次家长会召开时间是初三下学期 6 月，参会人员是学生和家长。

| 会议目标 |

目标	家长	学生
知识层面	了解初中升学阶段孩子会遇到的焦虑问题和焦虑程度。	了解自己在备考阶段可能出现焦虑的具体表现。
能力层面	懂得帮助孩子缓解升学压力，并掌握帮助孩子缓解压力的具体方法。	在父母、老师的帮助下，能积极应对升学压力，解决情绪问题，并拥有战胜考试焦虑的能力。

目标	家长	学生
态度层面	以平和的态度，接纳孩子的所有考前表现。	理性看待自己的考前焦虑，并能用积极、乐观的态度应对升学带来的压力。

会议准备

1. 材料准备
小黑板、眼罩、粉笔、白纸、消极清单等。

2. 环境准备
在教室里，用亲子并排坐的方式安排位置。

3. 其他准备
（1）根据家长会主题，学生自己设计"个性家长邀请函"。

（2）教师提前阅读书籍《战胜考试焦虑》和有关减压的文章。

（3）进行问卷调查，具体如下：

各位家长，升学考试即将来临，您是否因担心孩子的成绩而倍感焦虑，甚至无助？为了共同解决孩子升学考试产生的压力问题，现邀请您完成一份问卷。

请您尊重自己的内心，如实填写，以便我们更全面地了解您和孩子遇到的真实情况。如果涉及隐私问题，请相信，我们将为您保密。

1. 面对中考，您对孩子有期待吗？（　　　）

A. 有　B. 没有　C. 顺其自然

2. 您对孩子的期待，通过什么方式表达？（　　　）

A. 自己焦虑万分　B. 不断叮嘱　C. 每天陪伴　D. 顺其自然

E. 心理紧张，但外表平静，并每天关注陪伴

3. 如果您有焦虑，您担心的是什么？（　　　）

A. 怕孩子考不上心仪的学校，致使未来受到影响

B. 为孩子关键时候不努力而担忧，自己又无能为力

C. 怕孩子压力过大

D. 没有什么担心的

4. 下面哪一项最符合您孩子最近的状态？（　　　）

A. 很焦虑，影响到正常生活　　B. 有焦虑，但能调整到平和状态

C. 反常，开始自暴自弃　　D. 没有什么感觉

5. 您懂得帮助孩子缓解考前焦虑吗？（　　　）

A. 懂　　B. 不懂

C. 会自己查阅资料寻找解决方法

D. 很迷茫，需要帮助

6. 面对孩子升学，您现在做了哪些方面的努力？（　　　）

A. 帮孩子调整心态　　B. 关注孩子饮食

C. 指导孩子学习　　D. 增加亲情陪伴　　E. 其他＿＿＿＿＿＿＿

7. 如果我们要开一个考前减压家长会，您喜欢什么形式？（　　　）

A. 讲座，直接讲减压知识

B. 教大家做减压活动

C. 考前专项咨询辅导

8. 作为家长，在升学减压上，您有哪些困惑？您需要什么样的帮助？

_____

｜ 会议过程 ｜

师： 亲爱的家长朋友们、孩子们，今天，我们为了一个共同的目标——中考，相聚在这里。面对即将来临的中考，大家是不是有焦虑，有困惑，有迷茫？那你们知道如何排遣吗？今天，我们将一起走进"升学减压阀，总有一款你需要"主题家长会，希望本次会议能为大家排忧解难！

第一环节　忆一忆——平日情景再现

1. 考前情景再现

师：家长朋友们，在这个特殊的应考时期，请问你们家遇到过哪些烦恼呢？能和大家分享一下吗？

预设：父母督促孩子看书，孩子不愿意；父母和孩子一起焦虑，父母天天碎碎念，孩子脾气暴躁；孩子在家里拖拉懒惰，但是家长却无能为力；家长不敢说一句重话，怕孩子做出意外的举动。

教师根据大家的回答，再补充问卷里出现的情况。

2. 三轮唱歌游戏

师：确实，面对中考，我们遇到的压力各不相同。那么，我们该如何面对压力呢？下面，请我们的家长一起来玩个小游戏。请一位家长上台唱歌，分三次体验。第一次唱，请其他家长都闭上眼睛，听台上的家长唱歌。第二次，请一位听众睁眼，其他人都闭着眼睛，台上家长再唱一次。第三次，所有人都睁着眼睛，台上家长再唱一次。（PPT 出示）

唱歌的家长：请谈感受，自己三次唱歌，哪一次效果最好？

台下的观众：请谈感受，台上家长哪一次唱歌的状态最好？

预设：

唱歌的家长：第一次，完全没有压力；第二次，有些压力，但发挥最好；第三次，压力很大，很紧张。

台下的观众：第二次唱歌的状态最好。

过渡：从刚才的活动，我们体验到，适度的压力有利于提高做事的效率。同理，孩子面临中考，也会有一定的焦虑情绪。或许，适度的压力有利于发挥，但是，过于焦虑就会影响考试的正常发挥了。

通过询问家里的情况，让每个家庭直面自己家里的问题，再通过体验唱歌游戏，引导家长理性看待压力。

第二环节　找一找——真实问题诊断

师：刚才，我们已经懂得了坦然面对孩子的问题。那么，如何改变孩子压力过大的情况呢？

师：家长朋友们，作为父母，面对孩子的问题，当然是不可能说完全不担忧的。下面，我们和孩子一起分析下考前焦虑，你们的孩子出现的是哪些情况？（PPT 出示）

第一种状态：

（1）谈到考试，孩子就紧张。

（2）孩子一到考试就烦躁，容易发怒。

（3）最近孩子老是难以入睡。

（4）孩子已经为此生病了。

（5）最近总感觉孩子思维是混乱的。

师：您的孩子有以上现象的，请举手。

预设：一部分家长举手。

师：如果孩子有以上现象，我们需要引导孩子：身体先冷静下来。接下来，请有以下状态的举一下手。（PPT 出示）

第二种状态：

（1）考试前总感觉自己考不好。

（2）总觉得其他人都比自己考得好。

（3）孩子记不住复习内容。

（4）孩子感觉没有取得理想的成绩。

（5）孩子平时很努力，考试时发挥不佳。

预设： 一部分家长举手。

师： 出现这种情况的同学需要的是提升自信心。（PPT 出示）

第三种状态：

（1）孩子复习中，一直心不在焉。

（2）孩子不在意考试，父母比孩子还着急。

（3）大家都很重视这次考试，孩子自己却无所谓。

（4）孩子还在做与学习无关的事情，比如玩手机、打游戏等。

师： 孩子有这些现象的，请家长举一下手。

预设： 一部分家长举手，也有可能家长会因压力或怕孩子多想而不愿举手。

师： 这一部分同学需要提升的是目标专注度。

过渡： 因为每个孩子出现的具体情况不同，所以我们要根据孩子的情况，对症下药。

 通过出示具体的焦虑表现，家长诊断自己孩子的情况，为后面解决问题起到有的放矢的作用。

第三环节　解一解——对症下药体验

1. 体验"冷静"妙招

师： 如何让孩子身体冷静下来呢？我们可以从身体和心理上去调节。（PPT 出示）

腹式呼吸法：请大家把手放在大腿上，手心向下，双脚平放在地面。嘴向外吐气，鼻子深深地吸气，感觉气体流入肺部，沉入腹部、腰部，感觉越来越平静，再深深地吐气。吐气时，让气体慢慢从身体中释放出来，反复三次。

脚踏实地法：在椅子上舒展地坐着，双脚平放在地，后背挺直，感受来自地面和椅子的支撑，收紧双腿和双脚的肌肉。呼气的同时，将双腿和双脚的紧张释放掉，让双臂放松。

扩展视野法：右手食指平伸，目光聚焦指尖，转动眼球，跟随手指拉伸视线，尽量向上、向下、向左、向右延伸。

（1）教师解说，集体体验。

（2）家长和孩子一起练习。

预设：这个过程需要慢慢进行，需要照顾接受慢的家长。

2.体验建立自信妙招

师：面对需要建立自信的孩子，我们需要引导他们填写"消极清单"，查找压力所在。请家长帮助孩子，一起找到解决问题的方法。

消极的想法	孩子查找原因	家长寻找帮助方法
对过去的哪些事很悔恨		
想象考试最坏的结果		
如果你考试失败，谁会对你感到失望，以及表现是什么		
你最担心什么事情发生		
你现在的心理处于什么状态（比如紧张、恐惧等）		
除了学习，你还有哪些消极观点		

孩子先填写，家长再填写，教师巡视指导。

3. 体验提升目标专注妙招

师： 目标专注度到底有多重要，我们不妨通过游戏来体验一下。有请参与游戏的家长和同学。

（1）玩"盲人画五官"游戏。

游戏准备：在教室墙壁四周画好没有眼睛、鼻子、嘴巴、耳朵的人头。

游戏规则：游戏进行两轮，家长和孩子一起参与。

第一轮：孩子戴眼罩扮演"盲人画家"，家长做指挥家，给"盲人画家"指路。指导孩子从教室的角落走到画有人脑袋的墙壁前，然后停下指导，孩子自己摸索着画眼睛、鼻子、嘴巴、耳朵。

第二轮：孩子不戴眼罩，对准一个头像，不用父母搀扶，顺利画好眼睛、鼻子、嘴巴、耳朵。

预设： 在第一轮盲画五官时，孩子们会发现画的位置不对，第二轮画的时候，会画得漂亮而精致。

师： 刚刚大家玩了两轮游戏，你们有什么感悟？

预设：

①目标明确，才能让自己走向成功。

②在奋斗的路上，父母也好，老师也罢，可以陪我们走完一段。但是，最后还得靠我们自己。谁也代替不了自己，唯有自己努力，才可能成功。

③没有目标，所有的努力都是盲目的。

（2）细化行动步骤。

①用 SMART 细化目标。（PPT 出示）

标准	学生写任务	家长监督见证
S——具体的	（复习什么）	
M——可衡量的	（复习多少）	
A——可实现的	（能不能实现）	
R——相关的	（是不是和目标相关联）	
T——有时限的	（规定完成的时间）	

②发白纸，家长和孩子现场填写。

过渡： 刚刚我们根据孩子的具体问题找到了具体方法。中考已经迫在眉睫，此时，我们应该怎样帮助孩子呢？

设计意图　依据发现问题、找到问题、解决问题的思路，用现场体验的方法，体验游戏。既有方法指导，也有体验感悟，双管齐下，最后让家长和孩子掌握减压方法。

第四环节　加一加——明确分工激励

1. 给孩子现场减压

（1）现场冥想考场。

师： 请同学们闭上眼睛，把自己的注意力聚焦到自己的呼吸上，吸——呼——，吸——呼——，请跟随老师的引导开始想象：中考的广播声响起，这个考场跟我们教室几乎一样，我的左边坐着一位同学，他做了 20 套模拟题，右边坐着一位同学，他做了 40 套模拟题，而我做了 100 套，我一定比他们准备得充分。这时，监考老师走进考场。哦，监考老师对我很友好。我对他微笑，他好像认识我。我拿起考卷，统览全卷，大部分题会做，先把十拿九稳的题做完。哦，我已经拿到了基本分数。做完选择题立即涂卡，再做大题。大题有一个很难，做几分算几分，多一分是一分，有谁能一个不错呢！写完试卷，还剩 3 分钟，检查一下，卡没涂错，把不会的猜一个选项涂上，再看看姓名、考号等信息，没有错误。我又想了一下中途丢下的选择题，居然一下子想明白了，快速改涂。哦，铃声响了，完美收关。

（2）"60 秒 PR 法"体验。

师： 美国一个心理学家创造了一种"60 秒 PR 法"，要求一个人每天花60 秒以演讲的方式进行自我积极暗示，这种方式能够有效地减轻人的压力。具体做法请同学们跟着老师一起做。（PPT 出示）

1. 填写：我能成功的优势是_____。

2. 安静地坐下来，背板挺直，身体放松。

3. 深呼吸两次，大声将自己写的句子说出来。

4. 说句子时，要全身心投入。

5. 每次重复三遍。

6. 临睡、起床时各一次。

设计
意图

家长指导孩子每晚睡前模拟想象从自己进入中考考场，到发卷、答题、交卷的全过程，这就相当于每天模拟应考。届时，孩子进考场时已经熟悉，也不会产生恐惧。

2. 给家长日常支招

教师用微型讲座的方式进行。（PPT 出示）

1. 家长五项自问法。

（1）最近，我真的对孩子全身心付出了吗？

（2）我的行为给孩子增压了还是减压了？

（3）我做的哪些事情需要继续做，哪些不需要做？

（4）我的行为孩子理解吗？怎样能够让孩子理解我的心意？

（5）我应该怎么做，才能给予孩子正面激励？

2. 家长心态调整法。

（1）变要面子为人生引导。孩子不是我的理想寄托，考不好不是家长没有面子，学习是为了他的人生。

（2）变情绪宣泄为情绪控制。我们批评孩子，不是为了宣泄自己的情绪，而是为了帮助他成长。

（3）变焦虑施加为减压疏导。我们不能盲目把自己的焦虑转给孩子，而应该帮助他们减压。

（4）变盲目陪伴为有心用心。陪着不代表陪伴，只要对自己的孩子用心用情，才叫真正的陪伴，才能看到效果。

（5）变盲目乐观为谨慎关注。凡事不要盲目大意，我们要做到关注孩子的细节。

3. 减压最该说的话。

（1）面对自暴自弃的孩子：最后冲刺，多少都是有用的，我相信你懂得为自己的未来负责。

（2）面对迷茫的孩子：你需要我们做什么，我们会尽力提供帮助的。

（3）面对暴躁的孩子：你不需要我们做什么，你尽管告诉我们。

（4）面对有些压力的孩子：只要竭尽全力、不留遗憾就好。

（5）面对过度焦虑的孩子：不管结果如何，爸妈永远爱你！

4. 减压最忌讳说的话。

（1）忌语言太空：加油，我的宝贝一定能成功！

（2）忌增加压力：别忘了你自己的承诺哟！

（3）忌否定孩子：我们亲戚都考上了，就你最笨，最不努力！

（4）忌转嫁焦虑：考不上，看你怎么办！

（5）忌推卸责任：我们家长说了这么多，只有靠你自己了！

5. 考前饮食禁忌。

（1）忌食谱变化大。避免造成胃肠不适应。

（2）忌饮食不卫生。避免考前腹泻、腹胀。

（3）忌营养过剩。忌吃山珍海味，导致消化不良。

（4）忌主食太少。不可不吃主食，会有饥饿感。

6. 减压未雨绸缪法。

（1）考试前一周。

①情绪准备：每天鼓励孩子喊积极的自我暗示语。

②复习准备：抓住最后的机会，进行查漏补缺。

③身体保护：保护好孩子的身体，避免生病。

④心理准备：给孩子积极的心理暗示，不管结果，只管行动。

（2）考试前一天。

①备齐所有用具。准备好考场要穿的衣服、考试用具、巧克力、风油精、藿香正气液等。

②想象考场情景。引导孩子提前在脑海里进行三遍进考场的预演。

③保证睡眠质量。监督孩子按照正常作息时间进行。

（3）考前三个小时。

①提醒孩子检查好准考证和考试用具。

②出门前，记得给孩子一个大大的拥抱、紧紧的拥抱。

③记得告诉孩子：爸爸妈妈相信你！复习的都会，考的全对。

（4）考完部分学科时。

①家长给孩子一个拥抱，不要问考得如何。

②关注孩子的情绪，并积极引导孩子准备好下一科。

③回家后，请家长在旁边默默地陪伴孩子复习。

（5）考完所有学科。

①给孩子做一顿好吃的。

②让孩子选择喜欢的活动玩一玩，切忌不要太放松。

③引导孩子总结考试心得，懂得在考试中复盘。

设计意图 用微型讲座的方式，教给家长具体的减压原则和注意事项，让他们对考试前应该做什么有更清晰的认识。

┃ 会议总结 ┃

亲爱的家长朋友们，中考是孩子人生中的一次重要考试。我们除了懂得要给孩子物质上的支持，还要给他们精神上的鼓励，更要懂得主动去了解孩子的现状，通过掌握科学的方法，为孩子的升学保驾护航！愿我们都能当好孩子心理状态调节的按摩师，陪孩子轻松应考。只要方法得当，相信我们家长的努力一定能为孩子的明天加分！

会议延展

（1）家长督促孩子每天睡前冥想：模拟想象从进入中考考场，到发卷、答题、交卷的全过程的情景细节。

（2）家长陪伴孩子起床时自我激励：进行"60秒PR法"体验。

（3）家庭贴心情卡：孩子每天在卧室贴心情卡（红色代表开心，蓝色代表宁静，灰色代表压力大），便于家长及时了解孩子的情绪。

（4）利用问卷星进行家长会复盘。

您孩子的名字是：＿＿＿＿＿＿

1. 本次家长会，关于减压的方法，您觉得哪些方法对孩子帮助最大？

2. 本次家长会后，作为家长，您准备如何帮助孩子减压？

3. 关于升学减压，您还需要老师提供哪些帮助？

（重庆市兼善中学蔡家校区　吴小霞）

24.

毕业典礼:
——筑梦·最后一课

背景分析

　　初中毕业典礼是对学生初中阶段学习的总结，也是其成长过程中一个重要的生命节点，它发挥着无可替代的教育价值。然而，现阶段毕业典礼却存在着较为严重的"去教育化"现象，包括老师对其意义认识不清，实际操作流于形式，家长参与度较低，学生情感体验较弱。

　　精心设计的毕业典礼可以增强学校、家长、学生的"意义感""参与感"和"仪式感"。因此，举行一场以"筑梦·最后一课"为主题的毕业典礼十分必要。

　　本次家长会召开时间是初三下学期期末，参会人员是学生、家长和老师。

会议目标

目标	家长	学生
知识层面	了解毕业典礼的流程，见证孩子初中阶段的成长，加强对孩子各方面的了解；正确表达对孩子的祝福。	了解毕业典礼的意义，学会展示自己。知道如何表达对老师的感激、对同学的不舍和对未来的憧憬。

目标	家长	学生
能力层面	进一步加强对孩子的思想教育，帮助孩子告别过去，憧憬未来。	在老师和家长的帮助下，增强自信，提高自己面对未来各种挑战的勇气。
态度层面	以平和的态度接纳孩子的表现，引导孩子坚定信念；激发自己对孩子的自信心和自豪感。	体验毕业时依依惜别的情感和对老师、家人的感激之情，增强责任和使命感；享受成长的快乐，树立远大的理想目标。

会议准备

1. 环境准备

布置教室前后主题板报"筑梦·最后一课"，在教室里安排亲子座位。

2. 其他准备

（1）剪辑视频《难忘的初中生活》，并制作课件。

（2）家长提前写好《致孩子的一封信》。

（3）提前准备诗歌朗诵的表演节目。

（4）进行问卷调查，具体如下：

流年似水，光阴荏苒。随着毕业钟声的响起，又一批学子即将离开母校。为了能让您的孩子享受一场精彩的毕业盛宴，希望家长朋友们能在百忙之中抽出一点时间填写这张问卷调查，问卷结果将作为毕业典礼形式的主线。

1. 您认为毕业典礼重要吗？（　　　）

A. 非常重要　　B. 比较重要　　C. 一般　　D. 不太重要

2. 您认为谁应该在毕业典礼上发言？（多选）（　　　）

A. 班主任　　B. 科任教师　　C. 优秀毕业生　　D. 家长

3. 您觉得毕业典礼上最重要的是什么？（多选）（　　　）

A. 感恩　　B. 狂欢　　C. 学生的心声　　D. 与朋友相拥　　E. 道别

4. 您认为毕业典礼中的气氛应该是怎样的?(多选)(　　　)

A. 幸福、温馨　B. 依依不舍　C. 严肃深沉　D. 其他

5. 您认为毕业典礼的程序应该有哪些?(多选)(　　　)

A. 集体合影　B. 互相赠言赠物　C. 文艺表演

D. 学生发表毕业感言　E. 班主任致词　F. 回顾三年历程

G. 现场狂欢互动　H. 其他

6. 您认为在典礼上应播放什么样的背景音乐?(多选)(　　　)

A. 国歌　B. 校歌　C. 班歌　D. 抒情的　E. 青春阳光的　F. 感恩的

7. 您认为毕业典礼应该邀请谁来参加?(多选)(　　　)

A. 领导　B. 老师　C. 家长　D. 朋友　E. 同学

8. 如果举办毕业典礼需要出节目,您愿意上台吗?(　　　)

A. 愿意　B. 不愿意　C. 愿意和其他人一起上台

9. 在典礼上设置一个毕业生和老师互动的环节,您希望是什么形式?

_____

10. 您认为毕业典礼还应有些什么?

_____

感谢您的参与!谢谢!

｜ 会议过程 ｜

师: 亲爱的家长们、同学们,初中生活即将结束,我们将要告别母校、老师和同学,开启一段崭新的生活。此时的我们,也许对过去充满怀念,对未来充满期待。今天,我们将一同回顾在初中阶段度过的美好时光,重温我们的成长历程,共同走向美好的明天。让我们一起走进"筑梦·最后一课"主题家长会!

第一环节　忆往昔，流金岁月

1. 播放视频《难忘的初中生活》

师： 时间过得飞快，初中生活的点点滴滴在我脑海中像过电影般一一浮现。下面请欣赏我班 ×× 小组制作的视频《难忘的初中生活》。（PPT 播放视频）

预设： 班级气氛由热烈转为深沉，家长感动，学生感叹，部分学生落泪。

2. 代表发言

师： 感谢 ×× 小组的倾心制作，让我们再次感受到初中生活的变化和温暖。下面来看看我们班的家长、学生和班主任都想对大家说什么呢。（PPT 出示"今天，我想对你说！"）

预设： 家长认真参与其中，教室时而响起热烈的掌声；学生开心激动。

3. 班主任演讲《最后一课》

（PPT 出示）

尊敬的各位家长、各位老师，亲爱的同学们：

大家上午好！今天是一个值得铭记的日子，同学们即将毕业了！今天是一个值得珍藏的日子，班级所有师生、家长再次相聚了！今天是一个值得庆祝的日子，师生们互相托举、彼此成就！今天是一个值得感恩的日子，感谢家长对我们一如既往地支持！在此，请允许我代表班级，向同学们表示祝贺，向老师们表示敬意，向家长们表示感谢！感谢各位家长的高度信任，感谢三年来遇到的所有挫折，使我们愈挫愈勇，不断奋进；感谢全体师生三年的不懈努力，同舟共济铸就了班级的辉煌；感谢每一个风雨中成长的我们，不断刷新并创造附中的历史！

回望在班级成长的每一个瞬间，都是专属于你们的青春印记。

你们应该不会忘记，入校军训时，毒辣阳光下的挥汗如雨，成就了你们铁的纪律；参观数理馆时，神奇的实验设施，放飞了你们对科学的憧憬；研学旅行时，飞速的科技发展，为你们插上渴望求知的翅膀。

你们应该不会忘记，才艺大赛中，你们独特的魅力与不俗的风采；拔河比赛中，你们憋红的笑脸和冲天的呐喊；合唱比赛中，你们空前的团结与专注的投入。

你们应该不会忘记，体育训练时的咬牙拼搏与不懈奋斗，实验训练中一遍一遍不厌其烦的练习，励志报告会上你们发自内心的铮铮誓言，中招考试间隙你们争分夺秒的积极备考。

过去的1000多个日日夜夜，班级精神已然在你们的身上闪光，你们也为班级留下了最精彩的记忆。你们注定是不平凡的一届学子，老师将永远铭记你们青春的笑脸、拼搏的激情！

今天，你们毕业了！你们将踏出校门，老师由衷地希望班级精神能在你们的身上发扬光大。

班级精神是奋斗不息。奋斗是最美好的颜色，奋斗是我们永远的主旋律。我们班的每一位老师都在奋斗，齐心协力把班级建设成为优秀班级；班级的每一个学生都在奋斗，把我不能变成我能，把心动变成行动，用奋斗成就自己的梦想，点亮自己的青春！希望我们班是大家的骄傲，也希望你们能成为学校的骄傲！真正有价值的事情都不是轻松舒服就能完成的，那些晨间的寂静，不眠的星光，清醒的克制，孤军奋战的坚持，暗暗许下的承诺，才是热爱自己的时刻。希望同学们在新的学府，也能奋斗不息，拥抱最靓丽的青春！

班级精神是顽强不屈。世界上有两种人：第一种人遇到不如意的事，就变得像玻璃球，掉到地上就会摔得粉碎；另一种人，会像橡胶球一样，掉到地上不但不会坏，反而弹得更高。作家杨小海说，生活总会遇到压力，必须学会具备弹簧的属性，向下的压力越大，向上的冲力也就越强。同学们，别因一时坎坷就逃避畏缩，别因一时失败便低头认输，要提高心理韧性，保持弹性心态，激发出最好的自己。相信你们在任何时候都能像在附中一样战胜所有困难，以一颗坚强豁达的心走过山重水复的流年，笑看风起尘落的人间。希望你们无论遇到什么困难，都能乐观豁达，从容面对，以顽强不屈的精神走向未来！

班级精神是学习不止。我们会成为什么样的人，很大一部分是由我们自身的能力决定的，当一个人具有学习的能力，他的知识储备就会越来越丰富，见识就会越来越广，就不会陷入局部，更能从全局和系统的角度去思考；当一个人具有深度思考的能力，他就能把握事物整体，具有发现规律的能力；当一个人具有可迁移的能力，他就拥有了比学历、技能更重要的竞争力。开放的人生来源于开放的思想，开放的思想来源于开放的眼界，开放的眼界来源于开放的行动，开放的行动来源于开放的知识。只有不断学习，终身学习，才能在变化面前游刃有余，才能体验更美好的人生！希望同学们将学习精神发扬光大，更加热爱学习，在学习中体验乐趣，在学习中获得成就，在学习中重塑自己！

溪涧岂能留得住，终归大海做波涛。同学们，这里是你远航的起点，是你人生中最难忘的记忆！今天，你们将怀揣梦想，扬帆远航；将登高山之巅，览大河奔涌！愿此去繁花似锦，再相逢依然如故；愿前路风光无限，共遨游星辰大海；愿怀揣赤子之心，用知识改变命运；愿长风万里相随，待归期硕果累累！

——《于高山之巅，方见大河奔涌——济源一中初中部2020级学生毕业典礼致辞》

师： 我的演讲到此结束，谢谢大家！时光清浅，岁月无声，当流转的光阴留下了一个又一个的足迹，我们的孩子们即将告别初中生活，踏上崭新的人生旅途。

过渡： 各位家长、同学们，忆往昔，携手相伴，我们感受到了温情与成长，我们携手并进，不仅收获了知识，更收获了情同手足的纯真友情。今天，我们再次相聚在这里，看今朝，情深意浓。请继续期待接下来的精彩。

通过三方代表参与，学生自己更能直观地感受到初中阶段的成长，增强对个人成长、班级发展的整体性认识，感受到班级的温暖和深深的同学情。对于教师则增强了班级自豪感和融入感。与此同时，家长也更加了解班级情况，体会到教师和学生的辛苦付出，见证一路历程。

设计
意图

第二环节　看今朝，情深意浓

1. 表演：献出心中的一首歌

师： 岁月不居，时节如流，回头看走过的路，脚印有深有浅，但每个脚印都有汗水铺就的结晶，都有默默耕耘的收获。我们是幸运的，前行的路上，我们一起走过。下面，请欣赏由老师们带来的节目。（PPT 出示"教师节目《橄榄树》"）

预设： 老师们上台表演，这一个举动本身就很吸引学生的注意力，平常在讲台上很严厉的老师在毕业典礼上展现出如此不同的一面，学生和家长热烈鼓掌。

2. 读信：写给孩子的一封信

师： 今天，同学们看到了不一样的老师，同时也看到了有着另一面的家长。世上最大的恩情，莫过于父母的养育之恩。父爱如山，母爱如海，爸爸妈妈们给予你们生命和无忧的生活。接下来，请由家长给孩子读《致孩子的一封信》，并进行 3 分钟的亲子交流：互相表达自己的想法。

预设： 家长鼓励孩子并肯定孩子的努力，学生感谢家长的支持与付出。家长和学生感动，有的互相擦眼泪，有的自发拥抱。

3. 拥抱：表达自己的一份爱

师： 只要彼此真诚，亲子交流就足以让人感动。请同学们现在主动地、大胆地先去拥抱一下你的家人吧。（PPT 出示"请大胆地拥抱你的家人！"）

预设：家长和学生沉浸在温暖和幸福中。

过渡：家长们，同学们，让我们心怀感恩，真诚地道一声：谢谢母校，谢谢老师，谢谢自己，谢谢有你。"毕业"不只是一个仪式，还代表着一段生活的结束，代表着我们大家都向前迈进了一步：即将走进新的校园，认识新的朋友，开启新的生活。三年时光，既是乘风而来，又将扬帆远航。接下来，请欣赏情景剧表演。

设计意图　通过亲子交流和互动，增强学生和家长对于毕业典礼的情感体验，从而引起家长和孩子的共鸣。通过表演、读信、拥抱，自然而然增进师生情、亲子情，提升育人价值。

第三环节　展未来，乘风破浪

1. 表演情景剧《二十年后》

师：感谢一路有您。接下来，请 5 名学生，用情景剧的形式展现毕业 20 年后，老师、学生、家长的模样。20 年后，我们会变成什么样？让大家一起走进《二十年后》。

剧情简介：

20 年后，昔日青涩的学子已成社会栋梁，有的身着正装，自信满满；有的则追求简单幸福，笑容温暖……老师们风采依旧，慈祥地注视着学生，家长们则在一旁，满眼都是对孩子成就的骄傲与欣慰。他们回忆着初中的点点滴滴，分享着各自 20 年的风雨兼程。在欢声笑语与泪光闪烁中，大家共祝未来。

2. 学生朗诵《走向远方》

师：20 年后，我们很期待，让我们乘风破浪展未来。请欣赏诗朗诵《走向远方》。（PPT 出示）

是男儿总要走向远方，

走向远方是为了让生命更辉煌。

走在崎岖不平的路上，

年轻的眼眸里装着梦，更装着思想。

不论是孤独地走着还是结伴同行，

让每一个脚印都坚实而有力量。

我们学着承受痛苦。

学着把眼泪像珍珠一样收藏，

把眼泪都贮存在成功的那一天流，

那一天，哪怕流它个大海汪洋。

（PPT 继续播放视频，回顾以往的生活点滴。）

3. 师生合唱《朋友》

师：请全体师生起立，合唱歌曲《朋友》。初中毕业只是对初中阶段的小结，而未来离不开梦想，离不开奋斗。希望大家继续追逐自己的梦想，努力实现自己的价值。

预设：师生充满激情，对未来充满自信。

设计意图 通过情景剧表演，发挥学生想象力，设想 20 年后身边人再见会是什么模样，并且现场演绎，更加有代入感。展示对初中生活的回顾，也激发了家长和孩子对未来生活的憧憬和向往。通过畅想未来，激发教师、家长、学生积极向上的意识，增强学生对学业成长的自豪感和责任感。

| 会议总结 |

亲爱的家长朋友们，一季闻花，一季听雨，一季花开，一季成长，毕业是人生一个阶段的终结，更是一个阶段的开始。担当的青春最精彩，奋斗的青春最美丽。亲爱的同学们，希望你们在最光辉的时代里，坚定信念，带着梦想继续披荆斩棘、乘风破浪！青春无问西东，岁月自成芳华。愿所有学子既有前程可奔赴，亦有岁月可回首。

| 会议延展 |

（1）孩子写回信，父母在班级群里晒出自己的收信感受。

（2）愿望卡：孩子制定未来目标，对新学期进行展望。

（3）利用问卷星进行会后家长复盘。

您孩子的名字是：＿＿＿＿＿＿＿

1.本次家长会，您收获最大的一点是什么？

2.本次家长会，您印象深刻的环节是哪一个？为什么？

3.对这次毕业典礼家长会，您有什么好的建议？

（河南省济源第一中学初中部　王潇潇）